汉语语汇学研究

（三）

温端政　吴建生　徐颂列　主编

商务印书馆
The Commercial Press

2015年·北京

图书在版编目(CIP)数据

汉语语汇学研究.3/温端政,吴建生,徐颂列主编.—北京：商务印书馆,2015
ISBN 978-7-100-11106-5

Ⅰ.①汉… Ⅱ.①温…②吴…③徐… Ⅲ.①汉语—词汇学—研究 Ⅳ.①H13

中国版本图书馆 CIP 数据核字(2015)第 047018 号

所有权利保留。

未经许可,不得以任何方式使用。

HÀNYǓ YǓHUÌXUÉ YÁNJIŪ
汉 语 语 汇 学 研 究
（三）

温端政　吴建生　徐颂列　主编

商 务 印 书 馆 出 版
（北京王府井大街36号　邮政编码100710）
商 务 印 书 馆 发 行
北京市艺辉印刷有限公司印刷
ISBN 978-7-100-11106-5

2015年6月第1版　　开本 850×1168　1/32
2015年6月北京第1次印刷　印张 8 7/8
定价：25.00元

前　言

　　由山西省社会科学院、商务印书馆、上海辞书出版社和浙江外国语学院联合主办的第三届全国汉语语汇学学术研讨会，于2011年10月22日至23日在杭州召开。来自北京、上海、浙江、山东、山西、河南等省市的高校、科研单位和出版社的70余名代表出席了会议，会议收到论文57篇。

　　会议在语汇学理论、语典编纂、方言语汇、近代文献语汇与语汇考释等方面进行了探讨。会议所讨论的内容，展示了语汇学学科的深厚基础，展示了语汇学研究的新进展，展现了语汇学学科发展的勃勃生机。

　　为了巩固和发展这次会议的成果，扩大交流的范围，在商务印书馆和语言学界诸多专家学者的支持和指导下，我们选编了这本论文集。限于篇幅，一些有一定质量的论文，不得不割爱，令人感到遗憾。

　　汉语语汇学是汉语语言学的一门新兴的分支学科。她有许多不完善的地方，有许多值得研究的问题，研究的水平也还有待提高。我们希望有越来越多的学者关注或从事汉语语汇学研究，进一步推动汉语语汇学的发展。

编者
2013年5月

目　　录

再论字典、词典、语典三分 …………………………… 温端政 （1）
《语海》立目琐议 ………………………………………… 杨蓉蓉 （11）
对于《语海》编纂的几点建议 …………………………… 李行杰 （25）
谈语类辞书的例句编写问题 …………………… 陈玉庆　马志伟 （29）
关于成语辞书收条情况的考察* ………………………… 李淑珍 （35）
学习型成语词典编纂探析
　　——以《商务馆小学生成语词典》为例
　　……………………………………… 吴满蓉　朱俊玄 （46）

语料值视角下的固定语的固定性研究 ………………… 王吉辉 （56）
体词性俗语中的比喻构成初探 ………………………… 马启红 （77）
从"语"的英译看洪堡特的辩证翻译观 ………………… 王海静 （85）

汉语同义成语和异形成语的区别与释义问题 ………… 刘中富 （95）
试谈韵律与成语结构、意义的关系
　　——兼谈成语的"词化"问题 ……………………… 白　云 （109）
浅议惯用语的特点 ……………………………………… 史秀菊 （117）
言说类谚语的内在连贯性研究
　　——以"一言既出，驷马难追"为例 ……………… 延俊荣 （127）
试论现代汉语歇后语的分离性和同一性问题 ………… 陈长书 （140）

嵌入式四字格的语义透明度与嵌入项的语义变化
.... 孟德腾 (153)
基于对外汉语教学实验的汉语惯用语语义结构分析
.... 刘 锨 (165)

汉语方言俗语语料库的建设............ 吴建生 (176)
山西长治方言谚语的修辞美学价值.......... 史素芬 (188)
《越谚》中的吴语语汇............ 汪化云 杜晓文 (197)

《红楼梦》语言宝库中的璀璨明珠
——谈《红楼梦》中的俗语............ 晁继周 (208)
从部分佛教惯用语看《分别功德论》的翻译年代
.... 方一新 (217)
从俗谚看敦煌变文的民间文学特色及其口语化特征
.... 李 倩 (225)
源自《战国策》的成语探析............ 张文霞 (237)

《朱子语类》习语俗谚考............ 徐时仪 (246)
"守财奴"源流考*............ 高列过 (258)

第三届全国汉语语汇学学术研讨会纪要............ (270)
附:第三届全国汉语语汇学学术研讨会论文目录 .... (275)

再论字典、词典、语典三分

温端政

2007年,笔者在"海峡两岸《康熙字典》学术研讨会"(山西,晋城)上宣读的《语典的兴起及其对文化传承的贡献》一文中,曾经提出"字典、词典、语典三分"的主张。这里再就"三分"的理论依据和事实基础,以及它的意义方面做一些探讨。

一 字典、词典、语典三分的理论依据

字典、词典、语典三分的理论依据是"语词分立"。在汉语里,"语"和"词"固然有相同的一面,但不同的一面是不能忽视的。其相同的一面,表现在:"语"和"词"都是语言单位,都是语言的现成"建筑材料",都负载着使用这种语言的民族的传统文化。"语"和"词"的不同的一面,笔者曾多次进行过论述。[①]

后来,李如龙先生在《语汇学三论》一文里,从语音、语法、语义、语源等四个方面分析了"语"和"词"的异同。他的见解富有启发性,特别是他谈到"在生成的顺序上","词"的生成是原生的,"语"则是利用词的组合再次合成的,也可以说是"再生"的,"如果说,词汇是分了类的原材料和粗坯的零件的话,语汇则是组装好了的预制品和加工过的零件"。[②]

这些论述充分说明,"语"和"词"是并列的语言单位,语不是

"词的等价物"。

然而,有人不同意这个主张,称:"我们应该承认:'语'和'词'这不同的语言单位之间既在一些细微之处存在差异又在根本的原则问题上相互一致,彼此交融渗透,并无根本上的大异。"[3]

说"语"和"词"的差异只表现在"细微之处",显然是站不住脚的。上面对"语"和"词"异同的论述已经充分证明了这一点。在这里我们再补充一点,是关于"词"和"语"的定义。

关于"词"的定义,尽管有很多说法,表述也多有不同,但有一个共同点,就是"词"是**"最小的"**语言单位。而关于"语"的定义,《辞海》(第6版)做如下表述:"大于词、具有相对固定结构的叙述性语言单位,包括成语、谚语、惯用语和歇后语。"[4] 这种定义,把"语"和"词"的性质从根本上区分开来。对此,刘叔新的《汉语描写语汇学》[5]里下面这段话也讲得很清楚:

> 词还必须是一种最小的完整定型的材料单位。所谓"最小",就是本身不能再分出两个或更多个完整定型的语言建筑材料单位。"居心叵测"可以分出"居心""叵""测"三个完整、定型的材料单位,"囫囵吞枣"可以分出"囫囵""吞""枣"三个这样的单位;"杯弓蛇影""一问三不知""风马牛不相及"等都可以分出若干这类单位来。因此,它们都不是最小的完整定型的材料单位,不可能是词,而只能是大于词的固定语。

由此可见,"语"与"词"的性质的区别是带有原则性的。"细微"论经不起语言事实的检验。

再看几本表明"词性"的辞书。上面提到的《现代汉语词典》和《现代汉语规范词典》都是"词"标明词性,语则不标。《现代汉语学习词典》则是词类和语类分别标注,做法是:把词分为12大类:名词、动词、形容词、数词、量词、代词、副词、连词、介词、助词、叹词、拟声词,分别用〔名〕〔动〕〔形〕〔数〕〔量〕〔代〕〔副〕〔连〕〔介〕〔助〕〔叹〕〔拟声〕表示;把语分为成语、俗语、惯用语、谚语、歇后语五类,分别用〔成〕〔俗〕〔惯〕〔谚〕〔歇〕表示。

"语性"与"词性"的划分是如此的不同,再次表明"语"和"词"的性质有很大的区别。"语词分立"是汉语不可抹杀的客观事实。至于语的内部成员之间,包括成语、谚语、惯用语、歇后语之间的区别,是语内部各语类之间的区别,跟语、词之间的区别不能相提并论。

语词分立,必然导致"语汇"和"词汇"的分立、"语典"和"词典"的分立,使语文辞书呈现字典、词典、语典三分的局面,这是语文辞书的现状,也是语文辞书发展的必然趋势。

二 字典、词典、语典三分的事实基础

和字典、词典相比,语典的出现要晚得多。较早出现的是成语类辞书。据称,成语类辞书的出版,发端于清代前期满汉文对照的《六部成语》。从1916年的《国文成语辞典》到1949年的《中华成语词典》(吴廉铭编,中华书局),出版过15种成语类辞书。这些成语类辞书,所收条目比较杂,不是严格意义上的成语典,如《六部成语》所收的只有15%是真正意义的成语;1937年出版的《实用国文成语词典》收有不少"二字式"条目(如"三省""矛盾"等)。严格意义上的成语典,影响较大的,是北京大学中文系55级语言班编写的《汉语成语小词典》。该书1958年由中华书局出版,1959年由商务印书馆修订出版,后来多次修订,长期畅销。此后,特别是1980年以后,成语类辞书大量出版,据统计,1980至1995年,共出

版167种;1996至2010年共出版616种。⑥

成语类辞书大量出版的同时,谚语类、歇后语类和惯用语类辞书,以及兼收谚语、歇后语、惯用语的综合性俗语类辞书也不断出版。据调查,1980至1989年,共出版19种;1990至1999年共出版66种;2000至2007年共出版148种。合计233种,其中谚语类辞书占29.18%,歇后语类辞书占35.19%,惯用语类辞书占7.73%,综合性的俗语类辞书占29.90%。

在这里,我们不妨着重分析商务印书馆和上海辞书出版社语类辞书的出版情况。试以商务印书馆出版的新华系列语文工具书和上海辞书出版社"辞海版"汉语工具书大系为例。

商务印书馆围绕《新华字典》《新华词典》出版的系列语文工具书,截至2008年已经出版的有《新华写字字典》《新华拼写词典》《新华成语词典》《新华新词语词典》《新华同义词词典》《新华反义词词典》《新华多功能字典》《新华正音词典》《新华谚语词典》《新华惯用语词典》《新华歇后语词典》等。其中语类辞书共4种(包括《新华成语词典》《新华谚语词典》《新华惯用语词典》《新华歇后语词典》),近1/3。

上海辞书出版社"辞海版"汉语工具书大系,共出版14种,它们是:《中国成语大辞典》《中国典故大辞典》《中国俗语大辞典》《中国谚语大辞典》《中国惯用语大辞典》《中国歇后语大辞典》《中国格言大辞典》《中国名句大辞典》《古代汉语大词典》《现代汉语大词典》《现代汉语分类大词典》《新词语大词典》《同义词大词典》《反义词大词典》。其中语类辞书共5种(包括《中国成语大辞典》《中国俗语大辞典》《中国谚语大辞典》《中国惯用语大辞典》《中国歇后语大辞典》),超过1/3。

再看图书市场情况。《辞书研究》2008年第6期发表了柳长江等《关于目前语文辞书市场情况的调查报告》。他们采用网上抽样调查和图书市场实地考察相结合的方法,对国内较著名的两家网上书店——"当当网"和"卓越网"所经销的语文辞书情况进行了统计,同时,对太原市内的新华书店、得一图书广场、山西省外文书店、山西图书大厦等4个大型的图书市场进行了实地考察。结果显示:汉语语文辞书已经出现字典、词典、语典"三分"的局面。只是"语典"还没有独立的名称,被称为"词典"或"辞典",小型的称为"小词(辞)典",大型的称为"大词(辞)典"。

不过,这种情况已经有所改变。2000年,一部名为《语海》的大型辞书由上海文艺出版社出版。此后,明确用"语典"命名的语类辞书有:

《汉语语典》,贾采珠、晁继周主编,汉语大词典出版社,2003年4月第1版;

《现代汉语小语典》,温端政主编,人民教育出版社,2008年5月第1版;

《现代汉语语典》,许匡一、谢逢江主编,崇文书局,2008年8月第1版;

《中华语典》,余鸿主编,中国工人出版社,2008年10月第1版。

还应该指出的是,语典编纂方兴未艾。商务印书馆即将出版《新华语典》,与《新华字典》《新华词典》配套。上海辞书出版社也积极筹备编写《语海》,与《辞海》配套。由此,语文辞书"字典""词典""语典"三分的局面,将更加明显地呈现在世人面前。

三　字典、词典、语典三分的重要意义

承认字典、词典、语典三分，具有重要的理论价值和现实意义。概括起来，主要有以下几点。

1. 有利于语文辞书编纂的分工，使字典、词典、语典各司其职

过去在语是"词的等价物"的思想指导下，词典也把语汇作为收集对象，如《现代汉语词典》"前言"(1978 年 8 月)就说："词典中所收条目，包括字、词、词组、熟语、成语等，共约五万六千余条。"这种词典兼收语的做法，从当时来看，是合理的。但随着字典、词典、语典三分局面的出现，则有许多值得商榷的地方。试以《现代汉语词典》(第 5 版)为例：

仅从立目的角度来看，至少存在两个问题：

一是所收语类不够平衡。成语、惯用语收得多，谚语、歇后语收得少，许多常用谚语、歇后语未收。

二是所收的"语"，标准不够明确。汉语里，语的数量很多，相对来说，有常用和不大常用之分。就是常用的，也往往顾此失彼。笔者在《论语词分立》一文中曾经以《现代汉语词典》(第 5 版)"远"字所收条目为例来说明。这里再以"近"字为例。

《现代汉语词典》(第 5 版)"近"字下面共收 36 个条目，其中属于"语"的有"近亲繁殖""近水楼台""近朱者赤，近墨者黑" 3 条。而以"近"字开头的"语"，常用的还有成语"近火先焦""近在眉睫"，谚语"近不过夫妻，亲不过父母""近人不说远话""近山识兽，傍水知鱼""近水楼台先得月"等，次常用的有成语"近悦远来""近在咫尺"，谚语"近寺人家不重僧""近处菩萨远处灵""近亲结婚，祸延子孙""近家无瘦地，遥田不富人""近邻不可断，朋友不可疏""近河不

可柱用水,近山不可乱砍柴",惯用语"近人说远话""近路不走走远路""近山无柴烧,近溪无水舀",歇后语"近视眼锄地——禾草不分""近视眼过独木桥——且顾眼前"等。

词典收"语"之所以不能兼顾,根本的原因是"语"的数量相当多,如果尽收,并不比词少,占了大量篇幅,甚至喧宾夺主,改变了词典的性质。

2. 有利于语典编纂的研究和语典学的建立

与字典、词典编纂的理论研究相比较,语典编纂的理论研究要薄弱得多。字典、词典编纂研究方面不仅发表了大量的论文,而且出版了许多专著。而语典编纂研究,不仅未见专著,论文也不多。语典理论研究的滞后,与"语典"未能从"词典"分离出来成为相对独立的品种有关。实行"字典""词典""语典"三分,建立与"字典学""词典学"并行的"语典学"便势在必行。

事实表明,语典编纂有不同于字典、词典编纂的规律,探讨语典编纂的独特规律是语典学的主要任务。

语典编纂的独特规律不仅表现在总体设计上,而且着重地表现在立目和释义方面。

在立目上,语典不收字,不收词,只收语,这跟词典也收字是不同的。语典立目有三条基本原则:一是划清语与词的界限;二是划清语与自由词组的界限;三是在语内部划清成语、谚语、惯用语、歇后语之间的界限。而要划清这些界限,必须进行理论研究。

语典的释义,必须坚持以下几个原则:

一是释文的叙述性原则。语是叙述性的语言单位,因此,语的释文必须具有叙述性。过去有的学者受语是"词的等价物"的观点的影响,误把语也看成是概念性单位,认为:居心叵测=阴险、一帆

7

风顺＝顺利、千钧一发＝危险、虚怀若谷＝虚心、风马牛不相及＝无关、踏破铁鞋无觅处,得来全不费工夫＝巧遇。按照这个说法,释文变成概念性,显然不可取的。

二是释文内容与"语性"相统一的原则。语有表述语和描述语之分。表述语(包括谚语和表述性成语)以传授知识为目的,特点是具有知识性,既有对客观事物的认识,也有在社会实践中形成的经验,因此,释文必须具有知识性;描述语(包括惯用语和描述性成语)的特点,是描绘人或事物的形象、状态,或描述动作行为的性状,释文不能具有知识性。如"挨着大树不长苗"是谚语,"哀兵必胜"是表述性成语,释文都应具有知识性;"挨板子"是惯用语,"爱不释手"是描述性成语,释文不应具有知识性,而应具有描绘性。

三是"从语料中来,到语料中去"的原则。语料是语典编纂的基础。语典编纂要从收集和分析语言事实入手,在正确理解语义的前提下进行描写,然后用语言事实来验证。这是语典释义的基本原则,也是基本做法。只有充分利用语料库,在分析语料上下功夫,才能确保释义的正确性。

四是释文慎用"比喻"的原则。根据我们的经验,下面三种情况不能用"比喻":(1)体词性成语,中心语素与释文里的中心词同质的,宜用"指";(2)语目里含有"如、似、若"等比喻词,表明是由比喻手法构成的,宜用"指"或"形容";(3)释文不是指事物,而是描绘性状的,宜用"形容"。

我们在编纂《新华语典》的过程中,开展了语典编纂的初步研究。已经发表的有温端政的《〈新华语典〉立目和释义的思考》、吴建生的《〈新华语典〉惯用语立目问题研究》、巫建英《略谈〈新华语典〉惯用语例句的编写》、辛菊和杜雪芬的《〈新华语典〉成语的立目和释义》、张光明的《〈新华语典〉歇后语的编写实践》、温朔彬的《创新思维在〈新华语典〉编纂中的运用》等。⑦当然,这只是个开始。随着字典、词典、语典三分的实现,语典编纂的研究必然会出现新的局面,这将为语典学的建立打下基础。

3. 有利于汉语语汇研究和语汇学的建立与完善

语典编纂和语汇研究是互为作用的。

语典编纂为语汇研究提供了大量基础资料。语典编纂有两个基本环节,一是收集语料,筛选出语目;二是对语目逐个做具体研究,撰写出释文。这两个环节为语汇研究提供了坚实基础。语汇研究反过来又指导语典编纂。

近年来,语汇研究的蓬勃兴起,是和语典编纂与出版的繁荣分不开的。2007年7月在山西太原召开了首届汉语语汇学学术研讨会,有90多位专家学者出席,交流了84篇论文。会议的论文集,选收了其中的38篇,由商务印书馆于2009年出版。2009年7月在浙江温州召开了第二届汉语语汇学学术研讨会,有50多位专家学者出席,交流了56篇论文。会议论文集选收了其中32篇,由商务印书馆于2011年出版。2011年10月,在浙江杭州召开了第三届汉语语汇学学术研讨会,有70多位专家学者出席,交流了57篇论文。会议论文集正在编纂中。仅此三次会议,就交流了197篇论文。这个成绩不可谓不辉煌。

这些成绩的取得,当然不能完全归功于字典、词典、语典三分,但是,语典的大量编纂和出版,无疑是为这些研究成果的取得做出贡献的。

人们不会忘记,首届汉语语汇学学术研讨会召开的时候,中国语言学会会长侯精一先生代表中国语言学会在"贺词"里所说的一段话：

近年来汉语语汇学作为一门新的分支学科，受到学界的普遍关注。温端政教授的《汉语语汇学》等著作的出版标志汉语语汇学已经成为汉语语言学大家庭的新的一员。汉语语汇学有丰富的内容和发展前景。

语汇研究和语典编纂的繁荣，证明了这段话的正确性和前瞻性。可以期待，在字典、词典、语典三分的指引下，语典编纂将进一步推动语汇研究，促进汉语语汇学的发展和完善。

附注：

① 温端政.论语词分立[J].辞书研究,2002(6).
② 李如龙.语汇学三论[A].温端政,吴建生主编.汉语语汇学研究[C].北京：商务印书馆,2009.
③ 刘静静.也谈"语词分立"[J].辞书研究,2011(6).
④ 辞海(第6版,缩印本)[K].上海：上海辞书出版社,2010.
⑤ 刘叔新.汉语描写语汇学[M].北京：商务印书馆,2005.
⑥ 周伟良.我国成语典出版与市场调研分析[J].辞书研究,2011(1).
⑦ 温端政,吴建生,马贝加主编.汉语语汇学研究(二)[C].北京：商务印书馆,2011.

(作者单位：山西省社会科学院语言研究所　太原　030006)

《语海》立目琐议[*]

杨蓉蓉

《中国俗语大辞典》(新一版)以及《中国谚语大辞典》《中国歇后语大辞典》(新一版)和《中国惯用语大辞典》已于2011年3月前陆续出版,山西省社科院语言研究所正准备联合学界同仁编纂大型语典——《语海》。本人参加了上述语典的部分编辑工作,因而愿将编辑心得与语汇学、辞书学的理论结合,就《语海》的立目问题谈一点儿自己的意见、建议。

一 分清惯用语和复合词、专用名词

要保持《语海》立目的科学性,必须牢记语汇的性质、定义和范围。语是由词和词组合而成的、结构相对固定的、具有多种功能的叙述性语言单位。语汇是语的总汇。语汇有自己的内涵和外延。内涵是指必须符合上述条件的语言建筑材料才能进入语汇;外延是指符合上述条件的最大范围。明确语汇的内涵和外延,可使它不和言语、不和其他语言建筑材料相混淆。由于有些惯用语结构比较短小,有的只有三个字,因此比较容易与复合词、专用名词混

---

[*] 本文是笔者提交第三届全国汉语语汇学学术研讨会论文《〈语海〉编纂管见》的一部分。

淆。目前已出版的惯用语语典（包括称作词典的，下同）所收的条目，有很多都不是惯用语。如陆元庆编的《惯用语小辞典》（上海文艺出版社，1996）收目1700余条，有一半以上不是"非二二相承的描述语"，该书分为十七类，第一类收"九重天""爪哇国""火药库""白玉盘""处女地""安乐窝""安全岛""花花世界""秋老虎""保险箱""鬼门关""活地狱""桃花源""根据地""烟花寨""阎王殿""落脚点""上只角""下只角""聚宝盆""避风港"等21目，其中没有一条是真正的惯用语，除了成语"花花世界"以外的20条，《现代汉语词典》收了12条，全部标为名词。又如王德春主编的《新惯用语词典》（上海辞书出版社，1996）收了"王熙凤""孔乙己""正气歌""红娘""孙悟空""花木兰""伯乐""犹大""张思德""阿斗""阿Q""武则天""耶稣""南郭先生""祝英台""夏娃""徐娘""鸿门宴""维纳斯""斯芬克斯""程咬金""诸葛亮""缪斯"等目，虽然它们也是有比喻义的固定结构，但是都是概念性单位，或是人名、虚拟人名，或是作品名，或是特殊事件名，它们都是专用名词，不是语。此外，"拍板""烧香""洗手""开炮""把脉""抹黑""吃醋""拆台""翻船"等，是可以拆开添加其他成分的动宾结构，也都有比喻义，它们有描述性，将它们看作惯用语似也不错，但《现代汉语词典》将它们收入，并标为动词，考虑双音结构有词化倾向和一般读者语感，《语海》也可将它们看作词，不予收入。

二 《语海》可不收名句、格言

对于名句和格言是否属于语汇，学界有不同看法。胡裕树主编的高等学校文科教材中便将格言和谚语同等看待，看作语言建筑材料。李如龙先生提出："这些名句虽说是'作家个人言语作品'

的性质,但是有许多已经常被引用而家喻户晓了,应该是进入了社会上广泛认同的语汇的。如果语汇的大家庭可以接受这个成员,也许可称之为'典雅语'。"(李如龙,2009)成语有雅和俗之分,如果将流传于民间的谚语、歇后语、惯用语看作俗语,将名句、格言看作雅语,似乎能使语汇系统更丰富、完整。但目前这只是一个美好的愿望,它没有经过科学的论证。我们必须对名句、格言在语言中的运用做周密的调查,考察它们是否符合语的定义。名句、格言是由词和词组成的,结构固定[①],也能被引用,我们需要考察的是,它们究竟是言语,还是语言单位。

被引用有两种情况,一种是被用来作为句子的某种成分,一种是作为单独的句子用在某种语境中。成语、惯用语大多不成句,它们作为句子成分无疑。谚语、歇后语往往是独立的句子,还有成句的惯用语,它们是如何被引用的呢?我做了一个小调查。在《中国歇后语大辞典》(新一版)A字母下,共有例句35条,被作为句子引用的4条,作为句子成分的31条,前者占总数的11.4%。在《中国谚语大辞典》A字母下有例句51条,被作为句子引用的10条,作为句子成分的41条,前者占总数的19.6%。我们再看《中国古代名句辞典》(陈光磊、胡奇光、李行杰编,上海辞书出版社,1986),所立的条目都有出处,还原到出处的语境里,这些都是完整的独立的句子,有单句,有复句,还有几个句子组成的段落。《中国格言大辞典》(温端政、范瑞婷主编,上海辞书出版社,2008)A字母下有例句112条,被作为句子引用的74条,作为句子成分的38条,前者占总数的66%,比《中国歇后语大辞典》(新一版)和《中国谚语大辞典》高得多。而且作为句子成分时,往往有"有~的记载""有~之说""此所谓""真是""故曰""语云""可以说是""圣人所谓""古人曰"等语,常常连用引号、冒号,真正很自然地作为句子成分的只有4句,占总数的0.3%。由此可见,就是被引用,名句、格言和谚语、歇后语也有很大的不同,它们在大多数情况下不是语言建筑材料。当然,这只是抽样调查,有偶然性,这尚属于一个应该进一步科学研究的问题。在目前的研究状况下,我们可以根据名句、格言有明确作者,比较文雅,常常只作为句子被引用在语境中,以及大众语感等因素,将它们排除在《语海》之外。

三　可进入语汇的名句及其判别标准

落实到具体的语句,有时名句和语还颇难区分。对这一点,在宋元明清的笔记、诗话中就有所提及。明杨慎《升庵诗话》卷一三"谚语有文理"将古人诗与当时俗语相近者做了对照。②宋庄绰《鸡肋编》卷下以陈无己等人的诗为例,明确指出唐宋人诗有取于俗语者。③宋王楙《野客丛书》卷二九"俗语有所自"、宋陆游《老学庵笔记》卷四、明郎英《七修续稿》卷五"俗语本诗句"分别举出丰富例句,证明今人俗语有来自唐以来文人诗句的。④清钱大昕《恒言录》卷六"俗谚有出类"在引用了《老学庵笔记》《七修续稿》《香祖笔记》所举的部分例子后说:"俗语出于唐、宋诗者尚不止此。如'别时容易见时难',李后主词也。'情人眼里有西施',又'千里寄鹅毛,物轻人意重',复斋所载宋时谚也……"⑤可见他认为有俗谚出于唐宋诗,也有唐宋诗化于俗谚。这是比较客观的。那么,我们怎么来处理这些语句呢?下面举四部大辞典中的例子予以说明。最典型的是"天下兴亡,匹夫有责"。历来传说这是顾炎武的名言,《中国古代名句辞典》收入,出处注为吴趼人《痛史》。因为顾炎武《日知录》原文是:"保天下者,匹夫之贱,与有责焉耳矣。"概括为八字句,不仅见于《痛史》,差不多时间的《续孽海花》、梁启超《痛定罪言》中也有,后来更多了,例句无数,应该可以看作谚语。名句辞典当收顾炎武原语,《中国俗语大辞典》(新一版)和《中国谚语大辞典》收入"天下兴亡,匹夫有责"甚合宜。有些无法定为俗语的有出处的句子,语典不应予以收录。如:《中国俗语大辞典》(新一版)"鸟之将死,其鸣也哀;人之将死,其言也善"(谚),言出曾子,《论语》外仅明龙子犹《双雄记》一例,例中未明言引常言或古语,当看作引曾子语,《中国古代名句辞典》收,《中国谚语大辞典》不收,是。《中国谚语大辞典》"不教而善,非圣而何;教而能善,非贤而何;教而不善,非愚而何",仅引《西游记》一例,例中明说"古人曰",经查证,此言出于邵雍,见宋刘清之编《戒子通录》引邵尧夫戒子语,吴承恩《西游记》误将宋人言置于唐僧之口,《谚语大辞典》误收。《中国歇后语大辞典》(第一版)"东边日出西边雨——道是无晴还有晴",出唐刘禹锡《竹枝词》,无他例,新一版删去,是。《中国谚语大辞典》"采得百花成蜜后,为谁辛苦为谁忙",出唐罗隐《蜂》诗,无他例,似也不宜收。这两语皆收于《中国古代名句辞典》。《中国俗语大辞典》(新一版)和《中国谚语大辞典》都收了"射人先射马,擒贼先擒王",这本出于唐杜甫《前出塞》诗之六。元刘履《风雅翼》卷一二引此后注云:"刘须溪曰用谚语或自作谚语皆可。"⑥清仇兆鳌《杜诗详注》引黄生曰:"前四语,似谣似谚,最是乐府妙境。"⑦两本大辞典共收该语变式5条,例句12个,且例句中有"谚云""自古说""自古道""常说"等语。四本大辞典收入的还有"出于淤泥而不染"(出于宋周敦颐《爱莲说》)、"春种一粒粟,秋成万颗子"(出于唐李绅《悯农》诗)、"此处不留人,自有留人处"(出于南朝陈后主《戏赠沈后》诗)、"割鸡焉用牛刀"(孔子语)、"侯门深似海"(出于唐崔郊《赠婢》诗)、

15

"民以食为天"(汉郦食其语)、"天网恢恢,疏而不漏"(《老子》"天网恢恢,疏而不失")等,这些语或在广泛流传中对文人语句小有改动,变式较多,用例较多,或在引例中有"常言""常言道""自古云""古语说""常说""常说的"等。又收有"易求无价宝,难得有心郎"(出于唐鱼玄机《赠邻女》诗)、"儿孙自有儿孙计,莫与儿孙作马牛"(出于宋徐守信《虚静冲和先生徐神翁语录》)、"踏破铁鞋无觅处,得来全不费工夫"(出于宋夏元鼎《绝句》)、"别时容易见时难"(出于五代南唐李煜《浪淘沙》词)等,这些都有前人笔记、诗话的佐证。

根据上述例子,我们可对《语海》收录出于文人之口而可视作俗语的这类语汇提出几个标准:(1)有前人笔记、诗话的佐证。(2)广泛流传,变式较多,用例较多。(3)引例中出现"谚云""古语说""常言道""常说""自古道"等字样。(4)句子较简短朴素,不艰深典雅。由于掌握的材料不一定全面,这还不是一个很科学的标准,但是,根据目前掌握的材料来确立语目,是唯一可行的办法。

四 分清语和临时应用的界限

在已出的语类工具书中,常可以看到将一些文艺作品中作者在特定语境中的一句话,或是临时的一个比喻,作为语目收进来的情况。有些是某作者个人生造的语,不合逻辑,也没有大众基础,这类句子也不能作为语目收列。如:《中国歇后语大辞典》(第一版)收了一条"普通话煮红薯——半生不熟",该语出于李佩甫的官场小说《羊的门》,小说写到呼家堡的村规,装在各家房上的广播匣子不能关,然后加了这样一段话:绰号为"牛屎饼花"的村广播员姜红豆,每天早、中、晚播音三次,姜红豆说她用的是"很普通的话",村里人说她是"普通话煮红薯——半生不熟"。很显然,这是作者为了达到诙谐的效果,临时的创造。"普通话煮红薯"要表示的意思是姜红豆的普通话就像没煮熟的红薯一样,半生不熟,破折号前并不是引子,脱离了语境,前后两部分不能一起用。《中国歇后语大辞典》(新一版)删去该条,是。新一版初稿增加了一条"春草地里的绵羊羔子——撒欢儿还撒不够",引用刘亚舟《男婚女嫁》二五章:"他是听着笑声长大的,生活赋予了他嘻嘻哈哈、耍宝逗哏儿的乐呵性子。他从早到晚都快活得像只春草地里的绵羊羔子,撒欢儿还撒不够,哪里还有脾气可发呢?"细味文意,这只是一个临时比喻,前有"像"字,中间也没有破折号,而且语料库中没有其他用例,因此,定稿时删去该条。《中国歇后语大辞典》(第一版)有"栗子花生一盘端——一个长在树上,一个生在地里",引用浩然《艳阳天》一三七章:"孙桂英跺着脚说:栗子花生一盘端,一个长在树上,一个生在地里,咱们从来就没有连着根儿……"语料库无其他用例。"栗子花生一盘端"是惯用语,指将没有关系或相差很远的东西牵扯在一起,《中国惯用语大全》上编收入,下编资料中也引了《艳阳天》(仅一例)。这是将作者引惯用语后所做的进一步说明用到了语目中,前后两部分构不成引注关系。《中国惯用语大辞典》删去该条。《中国俗语大辞典》(新一版)"假戏真做"(惯)[8],下收副条"假戏只好真做",引卞祖芳《高工奇遇记》三:"汪大雷不上路,然而没有他,自己准得今晚饿肚子,虽是假戏,现在也只好真做了。""假戏真做"与"假戏只好真做"意义并不完全同,卞例也是"假戏真做"的书证,"只好"是语境义,这个副条不成立。另一副条"假戏还得真唱",根据用例,语目可概括为"假戏真唱"。对于只有一两个文献佐证的语目,一定要慎之又慎,避免将作者的临时用法、语境意义概括入语。

五　有文献资料的语目和通行在口语中的语目并重

是不是收活跃于口语而无文献佐证的语目,根据所编语典性质、对象的不同而有所不同。四部大辞典都没有收这类语目;而《语海》既要为一般读者释疑解惑、提供写作便利,也要为学者的语汇学研究、民俗学研究提供方便,因而它的语目收列应当大而全,不漏收常见语目,所以也需要收只通行于口语的语汇。《中国俗语大全》上编收入,而下编没有语料,《大辞典》也没有的精彩语目有不少,谚语如"阿大新,阿二旧,阿三补,阿四破""挨着大树不长苗""挨过蛇咬见鳝跑""爱饭有饭,惜衣有衣""爱叫的母鸡不下蛋""爱哭的孩子吃奶多""岸上不刮风,河里不起浪""按时喂奶娃娃胖,合理用水禾苗壮""八成饱健身,十成饱伤身"等,歇后语如"阿二炒年糕——吃力不讨好""矮子骑大马——上下两难""庵堂不叫庵堂——庙""爱打半边鼓——旁敲侧击""棒槌当针——粗细不分""龅牙齿啃西瓜——路子多""抱鸡婆打摆子——窝里颤"等,惯用语如"爱惜飞蛾纱罩灯""鞍子饶的马价钱""熬灯油""八个瓶儿七个盖""拔了橛子丢了牛""把蛋糕做大"等。这些语目或者我们还没有收集到文献例证,或者它们本来只存活于群众口语,可是它们都是鲜活的,生动无比。很多专家指出,现在编的语典往往书卷气较浓,缺少生气。《语海》如果能充实活跃在口语中的语汇,一定会使它有一个焕然一新的面貌,受到大众欢迎。不过这部分语汇没有进入过《大辞典》,《大全》又是不释义不举例的,因此为它们注释、编写自造例,成了《语海》的一个难点。而就立目来说,我们不能因为难处理,就对它们视而不见。

六 严格掌握语汇学的语类划分标准

过去编写的综合性语典大多不标明语类,谁都知道这是一件难干的活儿,无论用什么标准都会有一堆摆不平的问题。因为当时还没有一个比较科学的语汇分类标准。用引述语、表述语、描述语,以及是否"二二相承"的特点来区分歇后语、谚语、惯用语和成语,相对来说,比较容易掌握,类别之间较少纠葛。可是,真正要把这个理论用于实践也并不十分简单。可以用四部大辞典的例子,来证明有强调严格掌握语类划分标准的必要。从形式上看,成语是二二相承的四字格,应该比较容易辨认,实际上它与各类语都有混淆。如:《中国俗语大辞典》(新一版)收了"鬼迷心窍"(惯)、"假戏真做"(惯)、"乐不可极"(谚)、"夜长梦多"(谚),第一条是念读音节上二二相承的描述语,第二条是语义结构上二二相承的描述语,第三条是念读音节上二二相承的表述语,第四条是语义结构上二二相承的表述语,它们都应该划入成语,《中国成语大辞典》(袖珍本,上海辞书出版社,2008)收录。《中国歇后语大辞典》(新一版)收了"八仙过海——各显神通"(省作"八仙过海")、"鸡飞蛋打——一切都完"(省作"鸡飞蛋打")、"泥牛入海——永无消息"(省作"泥牛入海")、"蚍蜉撼树——不自量"(省作"蚍蜉撼树")、"水中捞月——一场空忙"(省作"水中捞月"),这些省作形式也都是音节或结构上二二相承的描述语,属成语,《中国成语大辞典》收录。

谚语和惯用语是最容易混淆的,《中国惯用语大辞典》和《中国谚语大辞典》所收的重复条目有一定数量,其中虽然有一些是兼类之语,可以同时收入两书,但多数情况还是对语境中的描述性和表述性辨认不清,包括兼类的语目例句往往用错。如《中国惯用语大辞典》"打断骨头连着筋"用田东照《龙山游击队》之例,描写两者关系密切,立目不误。《中国谚语大辞典》将"打断骨头还连着筋"作为"亲不亲,一家人,打断骨头连着筋"的副条,主条讲一家人骨肉相连,利害相关,是谚语,但副条用冯德英《山菊花》之例,描写兄弟俩关系密切,是惯用语。此是将字面接近的惯用语误作了谚语的副条。"大事不好,小事不了",两书同用《十把穿金扇》之例,细味文意,劫囚车和全家遭斩并不能区分为大事、小事,语意还是描写状况的糟糕,不含大事处理不好影响小事的意思,当属惯用语。"鹁鸠树上鸣,意在麻子地",两书都用《太平广记》所引《传奇》例,故事说一天晚上斑特处士、斑寅将军同访秀才宁茵之居,席间两斑起了争执,宁茵为吟曹植煮豆燃萁诗,斑寅以鹁鸠谚回答之,意思你表面夸诗句,实际指的就是我们。《中国谚语大辞典》还引了《全唐诗》卷八七七的异文,《全唐诗》该卷都是谚语,如本条前是"蝉鸣蛁蟟唤,黍种糕米断",后是"鸬鹚不打脚下塘",都是关于动物习性的谚语,该语被《中国惯用语大辞典》误收。"冻死迎风站,饿死不低头",《中国谚语大辞典》作"冻死迎风站,饿死不弯腰"的副条,《中国惯用语大辞典》反之。根据所有用例都是描述语,当作惯用语。

歇后语在形式上分为前后两部分,看似不易和他语混淆,其实不然。前文所说《中国歇后语大辞典》(第一版)为惯用语"栗子花生一盘端"误添后语,作为歇后语收入,就是一个例子。又如:"馒头里边包豆渣——旁人不夸自己夸",仅刘江《太行风云》一例,前后语构不成引注关系,刘江也没有使用破折号,前句指外表好看内里不行,就如"绣花枕头一包草",是惯用语,后句表示这么差劲还要自夸,作者不过将两句话押了韵,并不是将它们连作歇后语。"泥佛劝土佛——自顾"㉙引《金瓶梅》一三回:"吴月娘听了,与他打个问讯,说道:'我的哥哥你自顾了你罢,又泥佛劝土佛!你也成日不着个家,在外养女调妇,反劝人家汉子!'"词话本有一个注释:"泥佛和土佛是一回事,泥佛劝土佛,喻谁也帮不了谁,不如自顾。"此注就语境言,无误,但作者受其误导,将"自顾"看成了后语。"泥佛劝土佛"与"自顾"没有引注关系,是一个惯用语。《中国惯用语大全》上编收"泥菩萨劝土菩萨",有副条"泥佛劝土佛",下编收"泥佛劝土佛"并用《金瓶梅》例。《中国惯用语大辞典》收"泥菩萨劝土菩萨",用丁玲《母亲》例,例中没有类似"自顾"的字样。㉚这几个都是歇后语与惯用语混淆之例,分清两者区别的关键在于,看前后语有没有引注关系。

七　兼类语的处理

词有兼类的,语同样也有兼类的情况,此就上举《中国谚语大辞典》《中国惯用语大辞典》重复之兼类语例,略做剖析。"大事化小,小事化无",《中国谚语大辞典》作为"大事化为小事,小事化为没事"的副条,《中国惯用语大辞典》反之。两书都用解释谚语的方法释义,如果作为惯用语,当释为"形容矛盾和问题得到化解",两书主副条有11个例句,在其中7个例句的语境中可视作谚语,在4个例句的语境中可视作惯用语,作为惯用语最典型之例是茅盾《霜叶红似二月花》一四:"王伯申出来相见,客气的了不得,可是我们一提到这件事,他就连说多谢关心,早已大事化为小事,小事化为无事。"《中国谚语大辞典》有2个例句当划归《中国惯用语大辞典》;《中国惯用语大辞典》有5个例句和"大事化为小事,小事化为

21

没事""大化小,小化无""大事化小,小事化了"三变式都应划归《中国谚语大辞典》。"不见棺材不下泪",我在与沈夷齐合撰的文章中曾做过讨论,《中国谚语大辞典》主条之例皆属谚语,但副条及其例句似乎基本上都应归作惯用语,《中国惯用语大辞典》主条下,《金瓶梅》一例与《中国谚语大辞典》重复,当删去。

兼类的语汇在整个语汇系统中只占很少数,而且主要是兼作描述语和表述语,这些语目可以同时被谚语语典和惯用语语典收入,但是,在具体的例句中,即在特定的语境中,每一条只能属于一种语类,或是描述语,或是表述语,所以一个语目即使被两本不同语类的语典收入,这两本语典的释义和用例也必然是各不相同的。

八 分清同义语和语目的变式

词有同义词和反义词,语也有同义语和反义语。在语典中常常可以看到将同义语误作语目变式的例子。《中国俗语大辞典》(新一版)"螳臂当车——不知自量"(歇),副条有"蚍蜉撼树——不自量力",这两条的后语文字接近,两语语义相同,却各有出处,主条出于《庄子·人间世》"汝不知夫螳螂乎,怒其臂以当车辙,不知其不胜任也",副条出于唐韩愈《调张籍》诗"蚍蜉撼大树,可笑不自量",它们是同义歇后语,此处误为主副条。该书同类错误还有:主条"踩小板凳儿糊险道神——差着一帽头子"(歇),副条"戴笠帽亲嘴——好远哩""舌头舔鼻尖——差一大截""小外孙见老娘舅——差了一大截""竹篙戳月亮——差得远";主条"吃了磨刀水的——锈(秀)气在内"(歇),副条"狗熊吃花线——内绣(秀)";主条"打着鸭子上架——难哪"(歇),副条"大海捞针——难";主条"大姑娘上轿——头一遭"(歇),副条"叫花子吃新鲜饭——头一次""驴驹儿上磨——头一遭";主条"单方一味,气煞名医"(谚),副条"偏方治大病";主条"刘备借荆州——有去无还"(歇),副条"野猫借公鸡——有借无还"等。有时一个语目句子有扩大,意义也变化了,就成不了主副条。如主条"时势造英雄"(谚),副条"时势造英雄,英雄造时势",这两条语的意思不一样,主条只强调了时代风云把普通人造就成英雄人物,副条除了这一方面以外,还强调了英雄人物在某些条件下也可以推动历史发展,它们不能作为主副条。以上例子都是将同义语或近义语立成了主副条。某语要将另一语作为副条,意义要完全相同,而且它们的关键词也必须相同,在歇后语中,不仅后语的意义要相同,而且前语中喻体也需相同而不是相类,同一事物的异称可以替换,如"耗子"和"老鼠",但不同的事物不能替换,如"刘备"和"野猫","荆州"和"公鸡"。

附注:

① 这个固定结构一般是不能拆开的,它们和谚语、惯用语不同。
②《升庵诗话》,《国学宝典》电子版。
③《鸡肋编》,中华书局,1983年版,第117页。
④《野客丛书》,中华书局,1987年版,第334页。《老学庵笔记》,中华书局,1979年版,第53页。《七修续稿》,中华书局,1960年版,第823页。
⑤《恒言录》,《嘉定钱大昕全集》,第八册,江苏古籍出版社,2006年版,第192页。
⑥《四库全书》电子版。刘须溪即(宋)刘辰翁。
⑦《杜诗详注》,中华书局,1979年版,第122页。
⑧ 此为成语,见下文。
⑨《中国歇后语大辞典》(第一版)误作"泥佛动土佛",释义也误,《金瓶

梅》"动"作"劝"。《金瓶梅词话》,人民文学出版社,2008年版,第141页。

⑩《〈语海〉编纂管见》中还有一些例子,由于篇幅关系,此略去。

参考文献:

[1] 李如龙.语汇学三论[A].温端政,吴建生主编.汉语语汇学研究[C].北京:商务印书馆,2009.

[2] 容易,沈夷齐.浅谈"中国俗语大全"的语目确立[A].温端政.俗语研究与探索[C].上海:上海辞书出版社,2005.

(作者单位:上海辞书出版社　上海　200040)

对于《语海》编纂的几点建议

李行杰

一 《语海》编纂是汉语语汇学成熟的标志

任何一门新学科的创立,都有赖于学科理论的建设。2005年,温端政先生的《汉语语汇学》问世。翌年,由温先生主编的《汉语语汇学教程》出版发行。两部专著的出版,标志着汉语语汇学理论建设已经基本成熟。与此同时,一大批高质量的语汇辞书出版,为大型语汇辞书编纂提供了雄厚的资料基础。尤其重要的是,山西省社科院汉语语汇电子语料库已经建成。理论建设和资料准备的完成,意味着《语海》编纂条件已经成熟,《语海》编纂是汉语语汇学走向成熟的重要标志。

二 收语条目,多多益善

读者使用《语海》,目的有二:其一,供查检。这和使用一般辞书的要求相同,条目越多越全越受欢迎。其二,做研究资料使用。这可以分两个方面:第一,作为语汇学研究资料。词典,在词汇学研究中也有这种功能,但是,词汇研究已经比较成熟,这一功能已经不很明显。而语汇学研究刚刚起步,许多理论问题有待深入研究和完善。一部语汇条目丰富全面、系统完备的语汇辞书,对语汇学研究者是十分必要的。第二,汉语语汇数量庞大,涉及历史学、社会学、民俗学等多个学科。以民俗学为例，它的古今变化，南北区别，文白差异，在语汇中都有生动而全面的反映。毫无疑问，语汇资料也是民俗学研究的重要资料，例如："照葫芦画瓢"和"照猫画虎"所表达的意思完全相同，属于同义语。但是二者既有时代的不同，又有南北地域的差别。从"照猫画虎"逐渐取代"照葫芦画瓢"，可以发现民俗的时代变迁和地域差别。作为资料，越丰富越受欢迎，所以，《语海》条目应当尽量丰富。

最后，作为一部大型工具书，修订再版的周期至少在十年以上，作为第一版的《语海》，理应力求全面、完备。我们希望，收语条目尽量多一点。

三 编排

（一）按意义分类编排，更能适应语典的查检功能

查检，有两项要求：第一，读者要查检某已知语目的准确含义，这时，最实用的编排方法就是音序排列法，因为此法最为快捷；第二，供写作和表达时甄选最恰当的语汇，当人们要表达某一意思的时候，想在成语、谚语、歇后语、惯用语中选择最恰当的语汇，或者在意思相近的语汇中甄选最适用者。跟词典相比，语典的释疑解惑需求相对较弱，而甄选功能却比词典需求更加迫切。所以，按意义编排的语典是更实用的。

（二）做研究资料，更需要按意义分类

汉语语汇学研究，还有待深入，诸如语类划分标准的完善与细化，不同语类表达上的差异等。这些研究工作，都需要把意义相同、相近或相反的语类放在一起加以比较，一部按意义分类的《语海》，无疑会给语汇研究者提供极大的方便。

就工具书编纂而言,汉语词典编纂,已经相当成熟。除了按词类编纂的各类词典之外,诸如同义词词典、反义词词典、近义词词典等,应有尽有。反观语汇类辞书,除了按语类编纂的之外,像同义语语典、反义语语典、近义语语典等都还没有开始进行。如果《语海》能够按意义编排,对语汇类辞书编纂,必将提供极大的便利。

此外,按意义编排的《语海》,还可以增加可读性,从而扩大读者群。按意义编纂,难度极大,对编纂者要求极高。但是,分类是科学研究必须进行的基础工作,希望能够从《语海》开始。如果实在难于完全按意义编排,切盼编者能在书后附一份义类索引,义类索引可以只收主条,不收副条,以节省篇幅。这样做,将给读者带来极大的方便。

四 释义

在首届语汇学学术研讨会上,温端政先生宣读了《语汇研究和语典编纂》的论文,对语汇研究和语典编纂具有重要指导意义。其中关于语汇释义的论述,值得语典编纂者特别重视。释义的基本要求有两点:准确、精当。

(一)准确

释义准确是所有辞书的共同要求,语汇是叙述性的语言单位,语的实际含义跟字面意义有时相去较大,这就要求对语的核心意义进行深入挖掘和归纳。温先生在上述论文中举惯用语"摇头不算,点头算"为例,指出其核心意义是"只能同意,不能不同意",很有典型意义。我们期望,《语海》在释义的准确性方面,能够为语典编纂树立榜样。

(二) 精当

语典的释义,应当做到精练和恰当。就已经出版的语类辞书看,很多存在释义语言拖沓重复,语焉不详的问题。语目本身是叙述性的,释义时往往要用描述性的语言,而不是用定义性的语言,这就要求,释义语言必须精练。语的含义往往带有散射性,这就要求,释义者必须概括出其最恰当的含义。

(作者单位:青岛大学师范学院中文系　青岛 266071)

谈语类辞书的例句编写问题

陈玉庆　马志伟

一　例句的重要性及特点

有人说:"一部没有例句的词典只是一副骨架。"这句话强调了例句在词典中的重要性。例句是辞典编纂者进一步为读者着想的产物,编纂者举出例证,为的就是提供一个生动的实际运用的语境,以加强读者对词的意义、用法及语法规则的理解与掌握。好的例句不仅能体现条目的意义,而且能体现条目的典型用法。字典、词典如此,成语、谚语、歇后语、惯用语等语类辞书也是如此。

辞书的功能和对象不同,对例证的要求和侧重点也必然有所不同。比如《现代汉语词典》《新华词典》等辞书的举证多集中在动词、形容词性的条目上,而名词性的条目几乎都不出例证。这样做的道理不言而喻。试想名词性的条目通过释义已能完全满足语义、语法及用法方面的要求,再提供例句岂非多此一举?而语类辞书则完全不同,语类辞书中虽有个别条目属于名词性(如成语"漏网之鱼"、惯用语"眼中钉,肉中刺"),但绝大多数条目属于描述性或叙述性的,按道理都应该出例证才好。况且,"语"是大于"词"的单位,在构成方面往往隐存着比喻、夸张、对偶等修辞手法的背景支撑,这就注定了语类辞书举证的重要性。语类辞书的例句数量要更大,质量要更高——这是它不同于一般字典、词典的显著特点。

二 语类辞书的出例方式及优缺点

以往的语类辞书,例证多选用书证,即直接引用作家作品中的用例。因为书证直接来自成熟的作品,所以一般来说优点有三:第一,语言规范,对条目的运用恰到好处;第二,有一定的语境,能帮助读者理解语义;第三,选用方便,有较大的权威性。但用书证也存在一定的弊端:第一,为了提供相对完整的语境不得不选取比较长的段落,往往拖沓冗长;第二,为注明来源出处,不得不占用更多的篇幅;第三,为对条目进行历时性的展现,选例多采用古代、近代、现当代书证并举的方式,当有些书证的时代印记、个人风格或地域风格比较明显时,就会在语言应用方面造成某种程度上的干扰,有的书证如果选取不当,甚至会对条目的理解造成影响;第四,书证要核查原文,这方面的工作量也很大。请看下列书证:

【靠天吃饭,赖天穿衣】〔例〕为甚么人家说,"靠天吃饭,赖天穿衣"呢!那都讲拿钱买呢?(《儿女英雄传》,三十三,661)

【糠了的萝卜,没大辣气】〔例〕康老二向她摆摆手,小声说:"算啦,糠了的萝卜,没大辣气啦。"(《第一个回合》,二十三,1034)

这样的书证虽然避免了拖沓冗长的问题,但对整个条目的运用都不够典型,语境交代也不够清楚,从体现条目意义和用法的方面都没有起到应有的作用。

为弥补引用书证可能存在的弊端,一些语类辞书采用了将书证和自编例句相结合的方式。如施宝义等编著的《歇后语例释》(商务印书馆,1985)虽然选用了书证,但"为了清除语言上的精神污染,使本书的语言力求规范化",又"把例句中一些不够文明或不够规范的语言作了小量的改动和删节,因此,所有引例就不再标明出处"。又如周宏溟编著的《汉语惯用语词典》(商务印书馆,1990)对例句的处理是:"尽可能从著名作家的文学作品和其他典范白话文中选取。一小部分是改编或自编的。"再如温端政主编的《现代汉语小语典》(人民教育出版社,2008),采用的也是自编例证与书证结合的方式。

近年来,商务印书馆陆续出版了《商务馆中学生成语词典》(2008)、《商务馆学成语词典》(2010)、《商务馆小学生谚语歇后语惯用语词典》(2010)等语类辞书。这几种辞书都是自编例句,其中《商务馆学成语词典》收录成语3000多条(包括一些常用的俗语),专门为留学生和国外汉语学习者编写,绝大多数条目都提供三个以上例句,且所有例句都遵照"易读、易懂、规范、有趣"等原则编写,完全自造。《商务馆中学生成语词典》和《商务馆小学生谚语歇后语惯用语词典》两本辞书的例句采取改编为主、自造为辅的方式。上述三本语类辞书出版至今,尚未听到读者对例句提出的批评意见。这当然不能说明其中的例句编得有多好,只能说例句方面没出问题。

自编例句的好处至少有两点:第一,简明、节省篇幅;第二,由于目的比较明确,能够较好地体现条目的意义和用法。尤其是以书证为基础进行改编的方法,更为吕叔湘先生所提倡。吕叔湘先生曾讲过:例句就像一棵小树,树杈太多不好,咱们拿刀把它削一削,让它顺溜一些。吕先生主编的《现代汉语词典》《现代汉语八百词》中的例句,都没写出处,但均是有大量的语言材料为依据、经过删削改造过的。

但是,自编例句的难度很大,这也是大家公认的。《商务馆学成语词典》出版前曾退改过两次,并请馆内四位专家参与审订,责任编辑参考各方面人员提出的意见,对例句逐条进行修改,修改过的例句有些是作者不同意的,于是又争论、协商,反复多次才定下来。《商务馆小学生谚语歇后语惯用语词典》的例句编写也是如此,"三个臭皮匠,顶个诸葛亮",在作者交上初稿后,我们几位编辑又凑在一起专门对例句逐条进行审改,反复讨论、斟酌。同时延请了辞书专家以及北大教授、小学一线教师等参与审稿,虽然是一部收条只有3000条的小型辞书,但在例句编写方面我们却下了不少的苦功、费了不少精力。

三 《新华语典》书稿例句的编写

《新华语典》在编写之初,就"明知山有虎,偏向虎山行",定下了每个条目都要编写例句的原则。所收录的25000余条成语、谚语、歇后语、惯用语、格言、名言,全部采用自编例句。这样一部较大部头的语类辞书,全部采用自编例句,应该说是前所未见的,作者付出的辛苦也可想而知。

书稿进入审核阶段,主编温端政先生说:"我的感觉,自编例句是个无底洞,要达到尽善尽美,十分困难。不过有几个标准必须坚持:1.政治上正确,没有错误。2.知识上站得住脚,没有纰漏。3.基本上能体现语目的意义和用法,不是两张皮。4.语言简练,不拖泥带水。我认为符合以上标准,例句就是合格或基本合格的。"专家张万起先生审读完部分稿件后说:"《新华语典》要自编例句,这是一步险棋。……吕(叔湘)先生是语言学家,也是语言大师,他的权威性,非一般人能比。""险棋"也好,"无底洞"也好,其实都是出自对例句编写难度的认识。

编写例句稍有不慎,便会出现不合情理或语法、逻辑等方面的问题,以及自编例句生造痕迹明显、仿造例句改造不到位等问题。我们不妨举其中几例加以探讨:

【爱屋及乌】〔例〕"～,他既然喜欢你,就必定连你的孩子也喜欢了。"

这里的"你"与"孩子"之间似乎应是母子(或父子)关系,跟"屋"与"乌"的关系天壤之别,是否存在类比不当的毛病?

【看看很简单,学学三四年】〔例〕"他半小时就学会了开车,然而,～,直到现在还不能适应各种路况。"

这个例句于情理上似乎不通,"学车"这件事既不是半小时就能学会,也不是非要三四年才能学成的。

【哀莫大于心死】〔例〕"～,一个人最需要的是进取精神,是奋斗不息的创造精神。"

这个例句与释义基本上是两张皮,没能体现语目的意义和用法。我们不妨换一句名言到相应位置,"'饱食终日,无所用心,难矣哉!'一个人最需要的是进取精神,是奋斗不息的创造精神。"是不是也差不多?

【开天辟地】〔例〕"一家人高高兴兴围着火炉吃着～第一次的涮羊肉。"

【看破红尘】〔例〕"～的老汉,要求全家人都不必难受。"

这两条例句似乎是从文学作品中来,但由于丢掉了作品原有的语境,就显得有些莫名其妙。

【炕上没有拉屎的,死了没有烧纸的】〔例〕"爸爸一边给宝宝擦屁股,一边念叨:'～。家家都是这样。'"

这条谚语本身反映的是"养儿防老"的旧观念,现代人基本不认同了,而例句却出自"爸爸"之口(而不是"爷爷""奶奶"之口),并且认为"家家都是这样",不能不使人产生不合时代、生造例句的感觉。

《新华语典》初稿中的例句大致可分三种情况,一是编得非常贴切规范,能很好地发挥例句的作用,且语言简练,没有瑕疵;二是明显存在问题;三是有此一例,条目镶嵌其中,没有什么明显的问题,但琢磨来琢磨去总感觉没用到点子上、隔靴搔痒。其中第一种情况是我们追求的目标,是例句的理想状态;第二种情况既然发现了问题所在,设法修改也是可以解决的;重点和难点还是第三种情况,正是因为说不清到底问题在哪,只是觉得不好、有距离,那就难免"仁者见仁,智者见智"了。这种居中间状态的例句不在少数,对书稿质量的提高至关重要。改还是不改?怎样改才能达到目标?——要提高质量就必须进行反复的全面打磨!俗话说"十年磨一剑",这种打磨功夫是最见功力、最熬人的。

《现代汉语词典》在编写细则中对例证的编写有非常详尽的要求,其中两段话值得我们借鉴:"自造例句必须'逼真'。特别要避免公式化。不要像小学生嵌字造句,淡而无味。也不要像宣传标语,千篇一律。敷衍的例句,有了不如没有。""例句要能起补充释义的作用,如果例句不能起这样的作用,不能使读者在注解之外更有所得,就失掉存在的理由变成形式主义,徒然占去篇幅。"——这是精品辞书编写例句的目标。《新华语典》要打造成精品,在例证方面力争向这样的目标看齐。同时,我们建议,《新华语典》的例句要坚持宁缺毋滥的原则。尤其像格言、名言这些语目,重在理解,引用不难,只要将其意义解释明白,将出处标识清楚就可以了,似不必举例。

(作者单位:商务印书馆汉语编辑中心　北京　100710)

关于成语辞书收条情况的考察*

李 淑 珍

收条问题是编写辞书必然要遇到的问题,成语辞书也不例外。近年来,辞书出版事业更加繁荣,出版的成语词典也越来越多,一些广受欢迎的成语词典还多次再版。语言在不断发展变化,人们对成语的认识也在不断增加。考察这些成语词典的收条,对我们界定成语、认识成语的性质和范围具有极大的帮助。

任何一部词典都是服务于一定的读者群的。为了更加明确地了解成语词典的收条情况,本着"权威性、规范性、实用性、多样性","大中小"型相结合的原则,我们精心挑选了11部成语词典,对这11部成语词典的收条进行了较为详细的考察。从主要功用和目标读者来看,大概有三种类型:1.溯源备查型。这类成语词典古今兼收,收条数目多,收条面广,成语的异体、变体都有收录,为专家学者考证成语的源流提供了方便。如《中国成语大辞典》(上海辞书出版社,2007,简称《中成》)、《汉语成语大词典》(中华书局,2002,简称《汉大词》)、《汉语成语大辞典》(上海辞书出版社,2007,简称《汉大辞》)。2.中等实用型。这类成语词典供中等文化水平

---

* 本文为国家语言文字应用"十一五"科研项目"现代汉语常用语表"(Yb115—17)的阶段性成果。

的人和普通读者查阅使用,一般只收成语的规范形式。如《新华成语词典》(商务印书馆,2002,简称《新华》)、《现代汉语成语规范词典》(华语教学出版社,2010,简称《规范》)、《通用成语词典》(语文出版社,2002,简称《通用》)、《中华成语词典》(商务印书馆国际有限公司,2006,简称《中华》)。3.学生学习型。这种类型的成语词典主要为中小学生或外国人学习汉语而编写,如《新课标多功能成语词典》(长江出版社,2008,简称《新课标》)、《小学生常用成语词典》(陕西教育出版社,2006,简称《小学生》)、《汉语成语学习词典》(外语教学与研究出版社,2006,简称《学习》)、《学生成语词典》(华语教学出版社,2009,简称《学生》)。当然,在实际应用中,这三种类型的成语词典的功用不可能截然分开。

一 关于成语格式和字数的考察

成语的格式问题历来是一个颇受关注的问题,因为它直接影响到对成语身份的认定。权威的词典和通行的大学课本都认为成语"多为四字格式",这意味着允许有"非四字格式"存在。但什么样的"非四字格式"是成语,什么样的不是成语,又没有一个明确的标准,以至于成语词典在收条时随意性很大。从我们考察的11部成语词典来看,其中有2部只收了四字格式,未收其他格式。[①]

统计结果显示,有五部词典"非四字格"占全书比例相对较高,这些词典在其前言或凡例中均表示酌情收录了一些"非四字格"成分或"少量熟语"。如《规范》在凡例中写明"酌收部分非四字格成语以及同谚语、格言不易区分的固定词组";《新华》《中华》《学生》《小学生》均表示收录了"少量熟语"。成语与熟语之间到底是什么样的关系,人们的认识至今还不一致。有人认为成语和熟语是并列的语言单位,有人认为成语是熟语的下位类型,熟语应该包括成语。从这五部词典的表述来看,《规范》持的是"大成语"观,即一些"非四字格"也可以叫作"成语",其他四本词典的凡例则把成语和熟语并列。

有四部词典,《学习》《新课标》《汉大辞》《汉大词》在凡例中并未有类似的说明(其中《汉大词》"非四字格"占全书的比例是最高的,这主要是因为其收录了大量的异体)。我们可以认为,编者是按照自己对"成语"的概念理解来对这些"非四字格"进行收录的。也就是说,编者认为,成语的格式可以是"非四字格"。我们比较了《学习》《新课标》两部词典"非四字格"的收录情况,《学习》收录"非四字格"多达488条,《新课标》收录"非四字格"137条,但两部词典共同收录的"非四字格"仅有81条。这说明,编者对哪些"非四字格"可以选入成语词典,哪些不能,还缺乏一致的认识。从根本上来说,还是对成语的概念和外延认识不一致。

值得注意的是,《通用》和《中成》所收"非四字格"数量均为0。《通用》初版于2002年,在"前言"中将成语分为广义和狭义两种,将狭义的成语定义为:"二二相承"的、结构固定的叙述性语言单位。该词典所收成语都属于狭义成语。新一版的《中成》初版于2007年,在"出版说明"中指出:"吸收多年来成语语汇研究的成果,实施学术规范,只收成语,删汰结构松散的四字组合,去除非四字组合。"该词典只收录四字格式。

11部成语词典对待"非四字格"的态度反映了学界对"成语"认识上的不一致。为此,很多学者提出了成语和其他语类的区别标准。有些学者从意义方面着手,提出"表意的双层性"特征(刘叔新,1990),有些学者认为成语需具备形式上的"四字"特征。但语言事实是,并非所有的四字结构都是成语,如果是1+3结构,如"唱对台戏"虽是四字,但通常被认定为是惯用语而不是成语。乔永将成语词典收录标准进行了量化定性研究,阐明了成语的七个基本特征:词组性、凝固性、骈偶性、潜意性、典雅性、历史性、习用性,认为凡符合上述五种以上基本特征,就可断定是成语。

在众多的区分标准中,有一种观点值得我们重视。即《通用》的编者在"前言"中将成语分为狭义和广义两种,将狭义的成语定义为:"二二相承"的、结构固定的叙述性语言单位。秉承这种观点,温端政于2005年在《汉语语汇学》中将成语定义为:"二二相承"的描述语和表述语。"二二相承"有两个含义,一是不论语法结构还是语音结构都采取"二二相承"式;二是语法结构虽然不是"二二相承"式,但语音结构或习惯读音仍是"二二相承"式。该定义从内容和结构形式两方面对成语进行了界定,将成语的字数限定为四个字,将四字的结构形式限定为"2+2"式,这就排除了"1+3"式四字格。据此观点,我们对《学习》《新课标》两部词典共同收录的81条"非四字格"进行了分类,发现其中有35条可划归惯用语,5条可划归歇后语,41条可划归谚语。这种观点在对成语和其他语类进行划界时具有一定的可操作性。当然,能否真正站得住脚还得经过实践的长期检验。

此外,还有些三字格式也被多部成语词典收录。如《新华》就收录了"闭门羹""安乐窝"等共9条三字格式,但查阅《现代汉语词典》,我们发现它们都被明确标示为词。《新华》却把它们收录其中,多部惯用语词典也照样收录,出现了不同类型的词典重复收条的情况。

二 对所收四字格成语的考察

我们对 11 部成语词典所收的四字格进行了基本的考察。以字母 A—F 所收录的四字格为例,基本情况如下:

去掉重复项,11 部词典字母 A—F 共收录成语 6957 条,其中有 3298 条只有一部词典收录,3659 条至少被两部词典收录。

考察结果显示,随着成语词典数量的逐步增加,共同收录的成语条数在逐步减少。"两部词典共收"与"三部词典共收"之间的数据差很大,这是因为三部大型成语词典收录的生僻成语、成语的变体和异体造成的,以后渐呈平衡趋势。一般来说,一条成语被收录的频次越高,说明不同词典的编者对其成语身份的认同度越高,其常用性和典型性也越突出。在考察过程中我们也发现了一些问题。

(一) 成语的多收问题

我们暂将大部分词典未收,只有少数词典收录的情况称为"多收"。以收录频次为 1,即只有一部辞书收录的情况为例来分析。我们发现收录频次少(多收)的原因有如下几个:

1. 一些词典收录了成语的各种异体、变体以及一些现在已经不常用的古代成语。主要是一些大型的、重源流的成语词典。只有一部辞书收录的成语共计 3298 条,其中总条目在一万条以上的三部大型成语词典就收了 3027 条,占总数 91.8%。如"白圭之玷""冬箑夏炉""鳌掷鲸呿"等,这些成语在现代汉语中已经很少使用。

2. 一些词典收录了一些口语性极强的四字格。如《新华》收了"白眉赤脸""扯咸呱淡"等四字格,这些成语如果按照"经典性"或"典雅性"的标准来衡量,并不能划归真正的成语。从开始研究成语,学界对成语的雅俗之争就一直没有停止过,这些不具备"经典性"或"典雅性"的四字组合,结构稳定,习用性强,随着语言的不断发展变化,这类型的四字组合越来越多,如何给它们找一个合适的语言学意义上的归属依然是一个值得研究的话题。

3.一些词典收录了部分尚未定型的词组。一些针对中小学生的词典,为了迁就课本或更好地为学生读者服务,收录了一些课本中有而在语用中尚未定型的自由词组。如"杜绝后患""恶意中伤""卑鄙龌龊"等。

(二)成语的漏收问题

如果一条成语被绝大多数成语词典所收录,而极少数成语词典未收,我们称之为"漏收"。以 11 部辞书中有 10 部辞书收录而仅有一部未收的情况为例。

有 4 部辞书(《新华》《汉大词》《汉大辞》《中华》)并未出现漏收问题。有 7 部辞书出现了漏收。其中有整部词典收条较多的,如《学生》漏收 2 条"闭目塞听""敝帚自珍",《学习》漏收 1 条"安家落户",《中成》漏收 1 条"承上启下"。也有整部词典收条较少的,如《规范》漏收 12 条(略),《小学生》漏收 3 条:"比翼双飞""拨乱反正""党同伐异"。

漏收最多的是《新课标》和《通用》,都属于小型成语词典。《新课标》共收录成语 3353 条,与其他 10 部辞书对比,漏收 41 条(略)。《通用》收录成语最少,全书共收录 2292 条,漏收 123 条(略)。

考察这些漏收条目,我们发现,漏收的原因有几个:

1.选条和体例问题。《学生》漏收了"敝帚自珍",但收有"敝帚千金",在该条目下有"[近]'敝帚自珍'"。查看该词典"凡例"发现,"[近]"只是为了扩大词汇量而设置的,所以"敝帚自珍"未另立条目,这使读者查阅起来很不方便。按照该词典"凡例":"对两种或两种以上含义基本相同而结构方式不同的成语,一般只对其中常用或主要的成语加以注释,其他则用'见****'提示相对应的成语",那么"敝帚自珍"至少应该另出条,并注明"见'敝帚千金'"。即便如此,还是有问题。

一般来说,我们会选择最常用的形式作为主条,该词典的编写宗旨也是这样。我们在北大汉语语料库网络版(CCL)查询了两条成语的使用情况,选择"现代汉语"进行检索,结果是:"敝帚自珍(23)""敝帚千金(0)",选择"古代汉语"进行检索,结果是:"敝帚自珍(1)""敝帚千金(2)"。这说明,现代常用的形式应该是"敝帚自珍"。再使用"百度"搜索引擎进行网络检索,结果显示:"敝帚自珍"共有1320000条记录,而"敝帚千金"共有94000条记录。两个数据对比很明显,因此应该选择"敝帚自珍"做主条,"敝帚千金"做副条出条。

2. 成语的双层义问题。成语是否必须具有双层义,这是语言学界一直在争论的一个问题,也是困扰成语词典编写者的一个大问题。那些没有双层义的四字组合,结构固定,到底是不是成语呢?我们注意到,字母A—F中未被《规范》收录的12条四字格,从语义上来说都不具有双层义,但它们被10部成语词典一致收录,其中除了"不屈不挠""不由分说""愁眉不展"3条外,其他9条《现汉》都有收录,如此高的收录频次,说明不同编者对这些四字格组合的成语资格认可度很高。《规范》未收的原因我们不得而知,也许是出于对收条数量的考虑,也许是编者根本不认可其成语身份,但无论如何,被如此高频次收录和使用的成语真的不应该与

《规范》擦肩而过。

3. 未按"凡例"全面收条。一些为学生服务的词典,在"出版说明"或"凡例"中写明收录的是近年来通行的学生课本中出现的成语以及日常阅读、写作中常用的成语,但依然会漏收一些在中学语文课本中出现的常用成语。我们随机翻检了字母 A－F 中其他 10 部词典收录而《新课标》未收的 41 条成语,与人民教育出版社语文课本进行对比,就发现有 7 条是漏收的。分别是"白璧无瑕""春风化雨""粗枝大叶""不自量力""层出不穷""寸步不离""百无聊赖"。这些四字格均见于中学语文课本,并且无论从常用性还是典型性来看,都应该划归成语的行列,《新课标》却未收录进去。

三　几点建议

(一) 及时总结编写经验,完善成语理论

一部好的成语辞书,首先要有相关的语言学理论作为支撑。"一部词典的编纂往往要贯彻编辑者的思想,编辑者对成语内涵的理解与把握决定着成语的立目的取舍"(温端政,2005),"汉语成语词典中对'成语'的收录,取决于人们对'成语'的认识。每一时期成语研究的水平,往往决定着这个时期成语词典编纂的质量"(沈治浩,2002)。成语辞书之所以出现收条混乱的局面,其中一个原因便是不同编写者对成语的认识不同。

认识源于实践。理论研究者应该亲力亲为,真正到辞书编纂中去体验,去实践;辞书编纂者则要及时更新知识结构,吸收新的研究成果,把词典编纂与理论研究结合起来。如果大家"各吹各的号,各唱各的调",新的理论得不到实践检验,好的经验又得不到升华总结,词典编写就无理论可依。"成语理论研究与成语辞书编纂

实践的同步发展是提高成语辞书质量的最强有力的保证。编纂实践需要理论的指导,理论研究需要以编纂实践为基础"(何华连,1994)。这样,编纂出来的词典才能更好地为读者服务。

(二)充分利用语料库和互联网资源,重视频率统计结果

当今时代的词典编写,手段越来越先进。为了方便研究,很多学术机构都自建了多种类型的语料库。根据研究目的和对象不同,在大量的真实文本当中,提取各自所需的信息,这可以排除主观因素的干扰,达到最大的客观效果。随着语料库的广泛应用,语料库在辞书编写方面发挥的巨大作用已经逐渐显现。一个词或语必须达到一定的使用频度,才能被收入词典。使用频度如何衡量?仅凭个人的感觉肯定是不科学的。语料库在这方面却能发挥独特的优势。

比如"藏垢纳污"和"藏污纳垢"是两个同素异序成语,"藏垢纳污"在我们考察的11部成语词典中都收了,其中除了《规范》,其他10部均以"藏垢纳污"为主条;"藏污纳垢"则有8部词典收了,除了《规范》以它做主条以外,其他7部均将它作为副条出条。查阅《现汉》,"藏污纳垢"为主条,"藏垢纳污"为副条。那么,这两个成语到底哪个更常用呢?我们查询了北大汉语语料库,选择"现代汉语"进行检索,结果如下:"藏垢纳污(13)""藏污纳垢(48)";选择"古代汉语"进行检索,结果如下:"藏垢纳污(13)""藏污纳垢(1)"。频率统计说明,在现代汉语中,"藏污纳垢"更常用,在古代汉语中,"藏垢纳污"更常见。编写词典时,编者可根据编写原则进行适当的选择。

(三)注重收录相对定型的新成语,充实成语队伍

从偶尔一用到逐步定型,每一条成语都有一个不断发展的过程。词典收录成语时也不能过于保守,只收那些定型时间较长、毫无争议的成语,一味排斥那些近年才逐步定型的新成语。对于一些新成语的收录采取谨慎的态度是正确的,但一些已经很常用,格式也已经固定的,不妨酌情收录。如"大跌眼镜""可圈可点""血本无归"等成语,在语言运用中具有强大的生命力,而且结构相对定型,基本具备了收条的资格,成语词典可适当予以收录,这样才能真正体现成语自身系统的动态发展过程。

很多新定型的成语属于俗成语,语义直白。它们的加入冲淡了成语的历史性、潜义性、典雅性、书面性等特征,但依然是成语词典不能忽视的对象。

(四) 增强为读者服务意识,提高辞书质量

辞书要面向读者,要有服务意识,这已经是众多辞书编纂专家的共识。大型成语词典注重成语的源头和流变,应尽可能收录成语的完整状态,包括各个时期的变体、异体等形式。一些中小型成语词典,更注重实用,应该收录生活中常用的成语,以及成语最常见的形式。一些明确为语文教学服务的词典,应该更具有针对性,收录真正对学生有用的成语。

现在的中小学考试越来越重视语的测评,市场上专门针对学生的成语词典也越来越多。目前出版的成语辞书,为学生服务的占到2/3左右,学生成了使用成语辞书的主体。因此,编纂专门为学生服务的成语辞书时,除了在体例、释义等方面下功夫,还应该在收条上仔细斟酌,不漏收常用成语,不杂收尚未定型的、似是而非的成语。漏收会导致学生遇到难处想查而查不到,杂收会导致成语的界限模糊不清,不利于学生认识成语的本质。

此外,为了有助于学生更好地理解成语的概念,一些"酌情收

录"的其他语汇,比如谚语、歇后语、惯用语、格言等,可以在语目后加注适当的说明,这不仅可以让学生区别这些不同的语汇,还可以为建立汉语语汇统一有序的体系而尽一点力量。

附注：

① "1+3"动宾式四字格是典型的惯用语,计算在"非四字格"内。

参考文献：

[1] 何华连.成语理论研究与成语辞书编纂质量的关系[J].辞书研究,1994(6).
[2] 刘叔新.汉语描写词汇学[M].北京:商务印书馆,1990.
[3] 卢卓群.成语研究和成语词典的编纂[J].辞书研究,1996(2).
[4] 乔　永.成语鉴别与成语词典收词标准的量化定性研究[J].语文研究,2006(4).
[5] 沈治浩.成语立目问题浅议[J].湖北广播电视大学学报,2002(1).
[6] 温端政.汉语语汇学[M].北京:商务印书馆,2005.
[7] 徐耀明.成语的划界、定型和释义问题[J].中国语文,1997.
[8] 周　荐.论成语的经典性[J].南开学报,1997(2)

(作者单位:山西省社会科学院语言研究所　太原　030006)

学习型成语词典编纂探析
——以《商务馆小学生成语词典》为例

吴满蓉　朱俊玄

随着素质教育的实施,业内人士对着眼于"应用"和"言语生成"的学习型成语词典给予了更多的关注和探索。《商务馆小学生成语词典》就是编纂学习型成语词典的一次尝试。该词典除了关注成语及成语词典的理论研究,还充分考虑了小学生的认知特点、认知水平及教育规律等,对成语词典的编纂进行了一些积极的探索。

下面就以《商务馆小学生成语词典》(以下简称《商务馆小成语》)为例,探讨学习型成语词典的编纂,以为本词典进一步修订及同类学习型词典的编纂提供借鉴。

一　编纂的前期准备

学习型词典的主要特点是关注使用者。

"小学生词典的编写应当适应小学生思维的特点",《商务馆小成语》在全面调查市场上同类产品的同时,更多地着力于研究使用者的需求。

编纂人员一方面对小学生和小学生家长进行调研,另一方面延请了北京市景山学校、史家小学等十余位小学骨干教师进行咨询,充分了解小学生对成语的学习需求与习得规律,并对编写方案、样稿等反复征求意见。

为使选条、释义、用例等更科学,使学生更有熟悉感,作者充分利用了商务印书馆的小学教材教辅语料库。这个小学教材教辅语料库主要包括通用的7套小学语文教材和1套小学其他科目的教材。语文教材是:人民教育出版社普通版、人民教育出版社新课标版、江苏教育出版社普通版、江苏教育出版社新课标版、北京出版社版、北京师范大学出版社版、广东教育出版社版;其他科目教材是:人民教育出版社新课标版数学、品德与生活、音乐、美术等。教辅语料库包括主要的小学语文教辅、练习册、课外读物等。

二 内容设计

(一)选条

根据小学生课堂学习和课外阅读的需要,《商务馆小成语》根据小学教材和教辅语料库,提取出通行的四字格或固定用法4000余条,比常用成语3000余条多了1000余条。编纂者在调研中发现,同类词典中较少或没有收录一些常见的四字格,但小学生在学习过程中经常会遇到却又不能正确理解,所以这部词典在选条时就适当吸收了时下通行的、可以当作成语使用的固定语,如"尘埃落定""打口水战""大跌眼镜"等。

(二)注音

《商务馆小成语》根据小学生的认知特点,采用按字注音的方式,避免分词等问题。另外,对成语中易误读的字词进行提示。若易误读字为多音字,则在提示中重出,如"大模大样"条下提示"注意'大模大样'的'模'读 mú"。这样虽有些麻烦,却可以通过语境重复,使学生加深整体印象,避免误用。若易误读字为单音字,则直接提示,如"咄咄逼人"中提示"注意'咄'读 duō"。

(三) 释义

释义包括对成语中单字词的释义、整体释义以及附属释义。

1.单字词释义

成语凝练概括,很多成语都较难从字面理解,考虑到小学生的认知水平,先释难字词。如"了如指掌"先释:"了:明白;清楚。指掌:指着自己的手掌。"为了加深理解,提示:"注意'了如指掌'中'指掌'的意思。"

调研中还发现小学语文测验或考试中,常常把含有某个字的成语聚合在一起,让学生解释这个字在不同成语中的意义。所以《商务馆小成语》在释义中,尤其重视单字解释的准确与透彻。如"负荆请罪""久负盛名"这两条成语中都有"负"字,"负荆请罪"条下"负"解释为"背着","久负盛名"条下释为"享有"。

2.整体释义

"释义者应把自己设想为对所释词的意义一无所知的读者,并尽力预测读者在读到自己所写释文后可能会有的错误设想,并据此不断完善,直到写出不会被误解的释义来。"小学生对成语的学习和使用热情很高,记忆力强,所以针对小学生的成语词典,整体释义时不仅要准确、通俗,更要全面。如"按图索骥"既解释了"❶按照记录下的图像寻找好马。比喻按照线索寻找",也解释了"❷比喻办事机械、死板,不知变通或创新"。提示部分还指出"义项❷含贬义",这样就能帮助学生全面了解"按图索骥"的意思了。"六亲不认"释义:"❶不认亲属。形容人没有情义。❷形容人秉公办事,不讲情面。"最后提示:"义项❶含贬义,义项❷含褒义。"

3.附属释义

如果说整体释义主要倾向于成语的理性义,帮助小学生掌握成语的意思,那么附属释义则重点在帮助小学生更准确地运用成语。附属释义包括:使用搭配、对象、场合、语气、色彩义、隐含情感等提示,辨析,近义成语、反义成语等。

A.使用提示

如"何足挂齿"释义:"用反问语气表示不值得一提。"并在"提示"部分说明"多表示自谦"。特别指出"用反问语气""自谦",以加深学生的理解,帮助正确运用。

再如:"日理万机"提示"多用于高级领导人";"积重难返"提示"可用于形容生命危险,也可用于形容一般事物的危险处境";"痛哭流涕"提示"多用于遭受不幸或表示悔恨的场合";"等量齐观"提示"多用于表示否定或反问";"六亲不认"提示"义项❶含贬义,义项❷含褒义";"白日做梦"提示"含讽刺意味"。

B.辨析

如"改头换面"下辨析了与"面目全非"的区别:"'改头换面'改变的只是外表或形式,而'面目全非'不但表示外表的改变,也含有改变内容的意思。"

再如"势不两立""誓不两立"两个成语,对有些成人来说也容易混淆,词典做了简单的辨析:"'誓不两立'侧重于表达决心,'势不两立'侧重于表达情势与状态。"

C.近义成语、反义成语

同义词、反义词是小学阶段的重要学习内容之一。按"同义""反义"关系聚合成语,一方面可帮助学生更有效地积累成语,另一方面有利于学生在比较中理解、运用成语,并能起到举一反三的作用。这一点在附录的"分类成语"中有更充分的体现。事实上,意义完全相同或相反的成语很少,这里取的是相对"近义""反义"的成语。如"驰名中外"近义成语有"举世闻名""名扬天下",反义成语有"默默无闻"。

有些近义、反义成语,《商务馆小成语》没有收录,为方便学生使用和理解,统一增加了注释。如"暗无天日"的近义"不见天日",由于词典中没有收录,就用圆括号注释出该成语的意思。

(四)例证

《商务馆小成语》采用自编例句的方式。自编例句遵循以下几个原则:第一,例句词语不能过于冷僻艰深。第二,例句尽量贴近小学生的生活和学习。如课堂、运动会、小组活动、参观、兴趣等。比如"按捺不住"的例句:"我校获得了全区学校团体操比赛第一名,同学们～内心的激动,大声欢呼起来。""别开生面"的例句:"明天是教师节,我们要举办一个～的庆祝活动,给老师们一个惊喜。"第三,例句可充分利用课本、经典的小学生读物等的内容。课本中的内容可以帮助学生在熟悉的语境中充分理解与运用成语。如"恋恋不舍"的例句,"抚养了三年的狮子～地向森林走去,一次又一次回过头来看我,直到我们互相看不见了为止",源于人教版语文三年级下册的《小狮子爱尔莎》。这是很经典的表达。第四,例句尽量作为释义的补充。如"表里如一"的例句:"孙梅是个～的人,从来不会心里想的是一套,嘴上说的却是另外一套。""并行不悖"的例句:"学习知识和锻炼身体是可以～的两件事,不要把它们对立起来。"这里用了"不要……对立"对"并行不悖"的释义做进一步的补充。第五,例句涉及内容尽量广泛。文化、历史、地理、人物、较新的科技动态等皆可囊括,目的是使学生在理解成语的同时开阔视野。如"独一无二"的例句:"我国的汉字从甲骨文时代至今已经延续使用了三千多年,这在世界上是~的。""举世无双"的例句:"秦兵马俑~,是享誉世界的珍贵历史文物。"这两个例证从历史文化角度帮助学生拓展思路。而"举世瞩目"的例句"神舟五号载人飞船上天标志着我国载人航天事业取得了~的成就……"则帮助学生了解航天科技的知识。

当然自造例句也有一定的局限性,比如有些句子会有生造的痕迹;另外,不同编者由于生活背景及语感不同,造出的句子风格不统一。这些都需要在统稿中多加注意。

(五)知识窗

知识窗的设置主要是提供成语的出处、背景等,一来可以帮助学生理解成语,对注释起到补充作用,二来有利于学生积累典故与文化知识。如"杯弓蛇影""负荆请罪""邯郸学步""囊萤映雪""望梅止渴""指鹿为马"等都专列了知识窗。《商务馆小成语》把成语的出处、典故等以知识窗的形式单列,使得释义和文化知识等相对独立,便于学生各取所需。如"名落孙山",其注释是:"名:名字。落:指落在后面。孙山:人名。指考试未中或未被选拔上。"但为什么"名落孙山"是"指考试未中或未被选拔上"这个意思呢?释义中没有说明,事实上也不好在注释里加以说明。"知识窗"就很好地解决了这个问题,对成语相关故事做了介绍,使得学生更全面、透彻地了解这个成语。

(六)其他

A.提示容易出错字词的形、音、义

识字、读字、正确理解字词义是小学阶段的主要学习内容。《商务馆小成语》提示了容易出错字词的形、音、义。如"暴殄天物"

提示"注意'殄'读 tiǎn"。"九霄云外"提示"注意'九霄云外'的'霄'上边是'雨'"。"鞠躬尽瘁"提示"注意'鞠躬尽瘁'中'鞠躬'的意思,注意'瘁'的写法"。"身体力行"提示"注意'身体力行'中'身体'的意思"。

B. 插图

大量使用插图,使得词典图文并茂,从而充分调动读者阅读的积极性。《商务馆小成语》为一些经典成语和较难理解的成语增加了插图。插图采用夸张的漫画手法,使富含哲理的成语变得形象、生动,从而帮助学生建立形象认知,提高学习兴趣,准确理解成语。如"囊萤映雪"绘出了车胤和孙康读书的热情,"黔驴技穷"用老虎狡黠的眼神反映出它的得意。"投鼠忌器"比较难理解,插图中人物的表情传达出他既恨又有所顾虑的心思。

C. 成语填字格、成语接龙、趣味成语

小学语文教师在教学实践中为帮助学生高效记忆成语和有意识应用成语,总结出很多有效的趣味学习法,如"成语墙""成语填字""成语接龙""成语猜谜"等。《商务馆小成语》为提高小学生学成语的兴趣,增强与小学生之间的互动,随文设置了"成语填字格"和"成语接龙",附录中增设了"成语之最"和"成语猜猜猜"等趣味成语游戏。

D. 附录中的"分类成语"

按一定聚合方式编排的"分类成语",不仅可以帮助小学生有效记忆成语,更能帮助学生举一反三。这也是小学语文老师较多使用的一种教学方法。在小学语文课后练习和各类测试中也常见这类题型。《商务馆小成语》为满足小学生学习需要,在充分调研的基础上专设"分类成语"作为附录之一。比如"含数字的成语"

"含动物名称的成语""含植物名称的成语""含颜色的成语"等12类,以及"描写人物外表的成语""描写人物语言的成语""描写人物心理神态的成语""描写人物品质性格的成语"等15类。

三　进一步提高小学生成语词典质量的思考

(一) 关于成语词典中成语的分类

目前,市场上的小学生成语词典中,有个别词典对成语进行了分类整理。这种将同类成语集中一处的方式不仅能够让读者快速地按类查找,而且更有利于读者进行连类记忆,按照语义场进行成语的积累。但是这种方式也有明显的先天不足——分类标准不易确定。由于成语所反映的对象较为复杂,不好找到一个统一的标准将所有对象分门别类;且分出来的结果或者有重复交叉,或者有遗失疏漏。因此,无论如何分类,都不能将所有成语囊括,我们的目标只能是尽量为读者分出更加全面、统一、明晰、细致的类别。下面是我们在《商务馆小成语》及其他同类词典的基础上尝试提出的一种新的分类方法:

A. 形式

　a. 含有某字或某类字:

　　i. 内在世界——与人紧密相关的元素:人体部位等。

　　ii. 外在世界——与人间接相关或无关的元素。

　　　物:数字、方位、颜色、数量、动植物、亭台楼阁等。

　　　自然:春夏秋冬、日月星辰、雨雪风霜、天地山水、江河湖泊、花草树木、鸟兽鱼虫、金木水火土等。

　b. 特殊格式:AABB、AABC、ABCC、ABAC、ABCB、ABCA等。

c. 非四字格。

　　d. 按照语法结构关系：动宾、并列等。

B. 内容

　　a. 描述某对象的：

　　　i. 内在世界——与人紧密相关的元素：品质（谦虚、骄傲等）、情感、形体、外貌、性格、语言、动作、生活、工作、学习、人际关系（夫妻、朋友、亲戚、君臣）等。

　　　ii. 外在世界——与人间接相关或无关的元素。

　　　物：常识（颜色、时间、声音）、政治、经济、军事、科技、教育等。

　　　事：数量、状态等。

　　　自然：风景等。

　　b. 含有近义、反义词语的。

　　c. 源自寓言、神话、小说等的。

　　d. 成语之最。

　　e. 按照修辞格分类：比喻、借代、夸张、排比等。

这个分类方法仍然不能照顾到所有门类，且也不可避免地出现上述的交叉、缺失等问题，但已向实用性和便利性前进了一步。此分类的设想不仅需要进一步细化，而且还需将各个大类及内部的中类、小类等按照统一的顺序排列（如音序），并做出一个分类的目录，方便读者按目录查检。

（二）以多种手段增强词典的趣味性和实用性

面对特定的读者，小学生成语词典需要通过多种途径增强自身的趣味性，以提升词典的互动性，使得词典从消极的查阅工具化身为小学生喜闻乐见、爱不释手的积极的学习助手。现在越来多的小学生成语词典开始使用"成语接龙""填字游戏""成语猜猜看"等游戏性元素,这些形式的实用性很强,在小学生平时学习、做作业、课外阅读等过程中都大有用武之地,多为小读者所喜欢。除此之外,还可以利用其他出版手段增强成语词典的趣味性和实用性,比如在字体、字号、文字颜色方面做一些处理。为了吸引小读者,建议小学生成语词典增大正文的字号,释义、例句、溯源等内容使用不同的字体或者颜色不同的文字,为词典增加视觉效果。还可以尝试采用彩色插图,以附录的形式增加多种索引形式等。这也是《商务馆小成语》还需改进的地方。

参考文献:

[1] 陈文辉.来自使用者的信息——谈学生成语词典的编纂[J].辞书研究,1984(3).

[2] Sidney I. Landau.词典编纂的艺术与技巧(第二版)[J].章宜华,夏立新译.北京:商务印书馆,2005.

(作者单位:商务印书馆汉语编辑中心　北京　100710)

语料值视角下的固定语的固定性研究

王 吉 辉

一

1.1 既然是固定语,它自然就有固定性。不同的固定语,其固定性未见得都相同。这种情况下,固定语的固定性表述日益显示出其重要性和迫切性来。

当下,学界对固定语的固定性不是没有表述,而是通常表述得不够确切,甚或可以说比较模糊。较常见的表述不外乎借助增加一些限定性的修饰语,像"一定""某种程度"等来加以实现。诸如"有一定的固定性""有很强的固定性""有某种程度的固定性"等都是这类表述中的典型。这些,表面上好像因为有了"一定""某种程度"等的限定而使所在固定语的固定性得到了更为准确的表述,然而实际上,读者或听者对其所表述的程度仍然只能了解个大概,理解上的跨度以及不确定度都很大。

如何使表达和理解上的这种不确定性降到最低,如何尽可能避免甚或消除这种不确定性,这是固定语深入研究所必须面对和需要努力去解决的。为此,笔者试图另辟蹊径,通过量化的方式来寻求对这一问题的解决,并先后在拙文《从原型理论来看固定语的识别》《固定格式与固定语》等中进行了初步实践[①]。不过应该看到,拙文量化所赖以依凭的基础还是属于定性的分析,是在定性分析的基础上、采用数值化的方法来衡量固定语自身内在的固定程度的——这还不能认为是严格意义上的量化方法。

1.2 **固定语本身不具有"量"的特征,要想对固定语的固定性进行量化的分析,仅仅着眼于固定语自身,恐怕很难取得根本上的突破。**

不妨先将这一问题放在一边,让我们来看看社会是怎么评判一个人"美不美"的。

"美",一如固定语的固定性,其自身也不具有"量"的任何特性;而且,判断上的主观性更加突出,"情人眼里出西施"正是对它这一特性的形象写照。即便对像"美"这样的现象,社会还是透过这"见仁见智"的背后找出了存在着的共性的东西,并借助"量"表述出来,比如,人体上下肢比例符合所谓的黄金分割比就是一种美,等等。这种对"美"的判断,显然是基于所判断对象自身的实际情形而言的,——将着眼点放在了判断对象自身所具有的各项内在条件上。

此外,社会上对"美"的判断还存在着另外的一个角度、另外的一种标准,这就是通常提及的"回头率"。照理,"回头率"自身与"美"毫不搭界,拿它来作为"美不美"的标准似乎有些荒诞[2]。不过,当使用在特定的语境中时,它与"美不美"之间倒的确能建立起某种程度的关联来。请看下面两个随手摘自于人民网的例子:

(1)从此,我充满自信,每天更注重打扮自己了,走在街上的<u>回头率</u>空前绝后。(http://lady.people.com.cn/GB/n/2012/0919/c1014-19050923.html)

(2)身高1米72的……,走在大街上依然有着很高的回

头率。(http://msn.people.com.cn/GB/n/2012/0915/c242548-19017251.html)

依照社会约定俗成的理解,一个人在人群中博取的回头率越高,其美丽的程度也就越高,[③]上述两例即是明证。

"回头率"能间接地反映出被观察对象的"美"的程度,"回头率"的高低表明了被观察对象"美"的程度,换言之,"美"可以通过"回头率"的高低得到体现。"回头率"等于在给"美"量化,而"美"也由此能以数值化的形式被表述出来。"美"的这种判断,思路上迥异于第一种标准,它不再以被观察对象自身为着眼点,而是以他人对所观察对象的反应作为参照点。

1.3 固定语固定性的"量化",未尝不可以比照着"美"评判上的第二条思路来进行,——借助它们在一定语料中的具体表现来作为其自身固定性高低的判断依据。

假设在1000万字的语料统计中,某固定语总共出现了100次,但只有一次是结构或成分等被改变了的,其余99例都以同一形式出现,那么,该固定语以未改动形式出现的比例为99%,以变动形式出现的比例为1%。此处的99%可以解读为,该固定语被整体运用的概率高达99%,也即,社会成员绝大多数情况下是将它当作一个固定的整体来使用的。99%的比例从他者的角度表明了该固定语的固定程度。如果将这一百分比转化为数值的话,该固定语的固定性数值为0.99。由于这一数值产生于一定的语料,所以不妨称之为"语料值"。

将语料值用于固定语的研究,海外的学者走在了前面。Berry Rogghe在谈到英语中动词与后附的介词比如live in等(作者简缩为VPC)能否构成一个固定整体时提出了R值理论,其公式为:

$$R=\frac{a}{b}=\frac{\text{no. of collocates of VPC shared with P}}{\text{no. of collocates of VPC}}$$

作者指出,VPC 的 R 值取决于:与 P 有紧密联系的 VPC 组合占全部 VPC 组合的比例,而后又分别以 live in 和 believe in 为例进行了说明。作者从语料库中找到了 11 个和 live in 形成的搭配,它们分别是:hut, house, town, country, London, room, world, place, family, happiness and ignorance,并认为,在这 11 个例子中,有 6 个可以与 in 单独形成密切关联的组合。这样一来,其 R 值是 6/11＝0.54,设定 R 值的理论范围在 0－1 之间,那么这个 0.54 的值表明,live in 相当大程度上是组合性的。而 believe in 在所搜索的语料中总共出现了 5 个有意义的组合,分别是 witch-craft, God, Jesus, devil and paradise,但其中没有一个能单独同 in 形成共享,所以,它的 R 值就是 0/5＝0。这意味着,believe in 是非组合性中的一个典型例子。[④]

本文拟借鉴研究上的上述思路,以人民网中的《人民日报》报系为语料的收集对象[⑤],选取"红头文件""走弯路""走(开、留……)后门""开门见山"等作为观察目标,尝试着就它们的固定性进行另一种方式的表述。

二

2.1 全部语料中,"红头"[⑥]总共出现 27 例[⑦],其中,群众流传的口头语"黑头(法律)不如红头(文件),红头不如口头(行政命令)"共出现 3 例,因其雷同而不具有搭配关系的意义,所以需要减去其中的两例,最后共剩下 25 例。

25 例中,"红头"与"文件"形成的搭配共有 6 例,占总数的

24%,比如:

(1)"红头文件"堂而皇之地把公权力的触角伸进公民卧榻之侧,类似的案例至今仍有发生,实在是"雷人不倦"。

(2)一段时间来,有些地方为了促进经济发展而制定了一些政策,出台了一些"红头"文件,创设了很多"法外特权",如对一些人员提供特殊保护,轻微违法免于处罚。

虽只说出"红头",但"文件"却是分明暗含着的,这种情况也属于"红头"与"文件"的组合,只不过是一种隐含着的特殊形式罢了。类似情形共有 3 例,占总数的 12%,比如:

(3)群众中流传的"黑头(法律)不如红头(文件),红头不如口头"即是对这一现象的真实写照。

(4)这是中国第一次对国产影片的版权实行"红头"保护。

"红头"是专名中的组成部分,共有 4 例,占 16%,比如:

(5)而兰屿本叫红头屿,正因盛产蝴蝶兰才于 1946 年改名。

(6)也有的地方叫它红头鱼、红娃鱼等,这种鱼个头长不大,大的不过半斤左右,小的只有二三两。

"红头"与其他成分形成一般性的组合,共出现 11 例,占 44%,比如:

(7)他突然听到家中的红头鹦鹉说"你好,你好",马上感觉有情况。

(8)本文不说那些红头办公笺,专述一些私人化的笺纸。

另外,"红头"还出现 1 例单独使用的情况,占 4%,比如:

(9)红头白身天鹅似的游船,在湖面上游荡,时而传来孩童的欢声笑语。

"红头"的各种组配关系见表一。

表一

红头－文件	红头－专名	红头－其他	红头
9例	4例	11例	1例
36％	16％	44％	4％

"红头"与"文件"的组合(包括隐含的组合)占"红头"全部出现次数的36％。更进一步的分析发现,"红头"出现的总数中,有4例用于专名,以专名的组成部分出现,它们已经失去了作为词自由使用的资格;另外,还有1例是单独使用,未参与任何组合,——这5例都应该排除在搭配关系之外。如此一来,"红头"与"文件"搭配约占总数的45％,而这说明,它们之间具有相当程度的经常关联性,"红头文件"因此未尝不可以当作一个具有固定性的固定语来看待。[8]

2.2 "红头文件"的固定性如何呢?

"红头"与"文件"的直接组合中,只发现1例,其组合形式为"红头……文件":

(10)这是一份红头"湖北省消费者委员会文件",加盖湖北省消委公章,但没有标注主题词、送达单位等内容。

"红头"与"文件"的组合情形见表二。

表二

红头＋文件	红头(文件)	红头……文件
5例	3例	1例

"红头＋文件"的直接形式(5例)就占到了全部(9例)的55.6%。需要特别指出的是,虽然当中有三例并未以"红头文件"而是以它的缩减形式"红头"出现的,而这种缩减形式所以能出现,恰恰是因为与其对应着的原来的形式"红头文件"具有固定性。——这是这类缩减形式出现所必须具备的前提条件之一。[9]因此,"红头文件"自身固定性的语料值,应该为8例而非5例,在全部9例中的比例——约为0.89。这0.89的语料值表明,作为固定语的"红头文件",其固定性还是相当之高的。

三

3.1 语料中,"弯路"总共出现339例。

"弯路"与"走"形成的组合最多,达293例,约占总数的86.43%,比如:

(1)奥克斯2002年底就开始做手机了,中间走了不少弯路。

(2)如果不能对症下药,那么在解决发行人"圈钱"的问题上,A股就会走许多不必要的弯路。

"弯路"与"避免"形成的搭配共出现6例,约占1.77%,比如:

(3)路要一步一步地走,似乎是有道理的,但直接同世界高水平队伍较量交流,可以走一些捷径,避免一些弯路。

(4)慢性前列腺炎症状"声东击西",那么如何避免诊断上的弯路呢?

"弯路"与"绕"形成的组配共有4例,约占1.18%,比如:

(5)您在路上问路问着我您就瞧好吧,绝对指得您是顺顺当当,不绕弯路。

(6)这是一群聋哑孩子,由于不方便向路人打听,从学校到周晔的家,孩子们不知道<u>绕</u>了多少<u>弯路</u>。

与"规避""减少"等其他类动词的搭配共有12例,约占3.54%,比如:

(7)该协会成员来自社会各界,有运营和信息传播机构,致力于在社会各部门形成合力,向政府提出规范互联网发展的合理化建议,<u>规避</u>各种<u>弯路</u>和风险,促进澳大利亚互联网快速发展。

(8)西方自1973年石油危机以来,开展节能减排工作已经有30多年,它们发展出了适合本国的减排方式,这些经验可以为中国提供参考,以减少<u>弯路</u>,争分夺秒追赶上节能减排的大潮。

此外,"弯路"单独使用的情况不少,共有24例,约占7.08%,比如:

(9)而在<u>弯路</u>及湿滑、越野、砂石等特殊道路情况下,它能够比任何一个全时四驱系统都更为迅速、精确地实现扭矩不均匀/动态的前后轴分配。

(10)就算有人从高速入口斜坡处倒车下来,也没人眨眼皮在乎一下。而且不管是在山路上、在<u>弯路</u>上还是在隧道里,哪里都可以超车。

"弯路"的各种组配关系见表三。

表三

走-弯路	弯路-避免	弯路-绕	弯路-其他	弯路
293例	6例	4例	12例	24例
86.43%	1.77%	1.18%	3.54%	7.08%

63

表二表明,"弯路"对所与组合的动词具有比较明显的选择性,选择"走"来搭配的情况约占全部总数的86.43%。如果抛开24例单独使用的情形,这一比例高达约93%。这意味着,"弯路"与"走"的关联程度非常高,"走弯路"毫无疑问,是可以而且应该当成固定语看待的。

3.2 在"走"与"弯路"的所有组合中,"弯路"与"走"直接组合,"走"在前、"弯路"在后形成"走弯路"的情形,共出现3例,比如:

(11)这样,才能让那些找领导的同志事先知道该找谁不该找谁,尽量少走"弯路"和"冤枉路"。

(12)遇到困难绕着走,不揽事、不干事,唯恐自己做事露了怯……绝不走"弯路",更不会走"错路",最终错失了提高自己能力和素质的机会。

"弯路"与"走"间接组合,"走"在前、"弯路"在后形成组合形式"走……弯路"的情形很多,共出现285例,比如:

(13)对各国的成功经验,我们要认真借鉴;对别人走过的弯路,我们不应重复;对世界面临的难题,我们要同国际社会一道来破解。

(14)只有这样,才能正确地认识到本单位的问题,才能避免犯同样的错误,走同样的弯路。

"弯路"与"走"间接组合,"弯路"在前、"走"在后形成组合形式"弯路……走"的情形也有一些,共出现5例,比如:

(15)欧美职业体育早有前车之鉴,中国体育少数项目尝试职业改革,应当吸取教训,不可连弯路也照走一遭。

(16)先污染后治理,这条弯路实在是走不起!在发展和环保的两难之中,扬州选择了一个"两全之策":大力发展循环经济和高新产业。

"弯路"与"走"的各种组配关系见表四。

表四

走＋弯路	走……弯路	弯路……走
3例	285例	5例

"走弯路"虽取得了固定语的资格,但是,很遗憾,它自身内部的固定性却并不怎么令人满意。"弯路"与"走"直接组合的情形较为少见,固定性的语料值仅为0.01。——这让人看到了与"红头文件"几乎完全不同的情形。

四

4.1　语料中,"后门"总共出现237例。

"后门"与"走"形成的组合共有36例,约占总数的14.23%,比如:

(1)为了尽快搞出飞船,有些事情你不想走"后门",逼得你也得走。

(2)如今,一些别有用心的人为了用送礼行贿的方式来打开领导干部的"前门",走通领导干部的"后门",总是费尽心思、绞尽脑汁地想办法、找路子,寻找各种送礼行贿的"由头"。

"后门"与"开"形成的搭配共有38例,约占总数的15.02%,比如:

(3)日前,坊间传出某车企正与相关部门接洽,申请开个摇号后门,不知道相关部门如何应对。无论如何,确保公信力才是根本。

(4)罪犯家属说:"法院有陈德森在,你就别想开后门。"

"后门"与"关"形成的组合也有不少,共有16例,约占6.32%,比如:

(5)这时候,有些深明大义的夫人,坚决关住"后门",拒收任何不义之财,这就给了不法分子当头一棒。这实际上也是给丈夫帮了大忙,尽了夫人应尽的责任。

(6)在收入分配问题上,我的态度是:前门必须开,后门一定关,说不清的旁门不要开。

"后门"与"找"形成的组合共有10例,约占3.95%,比如:

(7)这些年不断有人拉关系找后门,想借西辛庄的名气办小化工厂、小炼油厂,都被我拒绝了。

(8)这样的措施,一方面可以防止少数既得利益者拼关系、找后门,保证社会资源的公平分配……

"后门"与"留"形成的组合共有15例,约占5.92%,比如:

(9)这个道理建立在规律的基础之上,又时不时给"例外"留下若干后门。

(10)协议的有关条文,着眼于构建两岸司法互助的一般性机制,不存在像有些台湾媒体报道的,所谓"留'落跑'后门"的这样一个问题。

"后门"与"堵"形成的组合共有19例,约占7.51%,比如:

(11)芜湖每一任市领导都坚持集体办公、集中审批,坚持编制、机构、领导职数三不突破,坚持"凡进必考",坚持"开大门、堵后门"。

(12)这次国务院常务会议专门提到了要把实施绩效工资

与清理规范津贴补贴相结合,这被人形象地称为"开前门,堵后门"。

"后门"与"避免""顾及"等其他动词形成的组合共有32例,约占12.65%,比如:

(13)每个队员都在拼命,全线压上的捷克已无法顾及自家的后门。第42分钟,意大利老将因扎吉单刀赴会,切赫跌跌撞撞地扑救用尽全力,仍让皮球距离只手之遥滚进球门。

(14)它是以考生的分数而不是考生的家庭出身、血统、背景、关系、金钱等等为标准,较好地避免了所谓靠"关系"、"路子"、"后门"等手段带来的种种社会不公……

此外,"后门"还存在17例单独使用的情况,约占总数的6.72%,比如:

(15)群众说:"老书记'后门'上的那把锁是没有钥匙的,但是他帮助干部群众解决困难的钥匙却揣了一大串!"

"后门"的各种组配关系见表五。

表五

与"后门"搭配的动词	出现数量
走	36
开	38
关	16
找	10
留	15
堵	19
把(住)	2
打通	1
钻进	1

续表

与"后门"搭配的动词	出现数量
敲	1
顾及	1
锁	1
拉开	1
打开	43
安插	1
封堵	1
开启	2
凿	1
靠	4
溜	6
开设	19
封	1
有	2
创建	2
开通	1
建立	1
洞开	1
守	2
靠近	1
守候	1
寻找	1
托	1
控制	1
撞开	2
开进	1

不同于"弯路",与"后门"形成搭配的动词相当分散,达35个

之多，其对所参与动词的选择，倾向性非常不明显。只有"走""开""关""找""留""堵""打开"以及"开设"等与"后门"的搭配稍多些，达到或超过 10 次。这种情况下，判断谁的搭配能成为固定语，恐怕就只能依凭"后门"与谁保持的关联比较密切了。——搭配上超过 10 次的"走""开"等，与"后门"保持的关联较之于其他单位，无疑要密切些，因此，形成的组合自然最有可能成为有着某种固定性的固定语（"打开"和"开设"[30]除外），或者，就可以宽泛地将它们当成具有某种固定程度的固定语看待。

4.2 在"后门"与"走"形成的组合中，"后门"与"走"直接形成"走后门"的组合共有 16 例，比如：

(16)怕医生走"后门"。明明是在窗外排队抽血化验，可有些医生带着熟人直接推门进抽血室。

(17)机灵的小家伙还会向工作人员"公关"走"后门"，请冠军满足他们合个影的"小小要求"。

"后门"与"走"形成"走……后门"的组合有 13 例，比如：

(18)而官员家属则靠权力谋保，使变通之法换来低保金，用顶替之招稳拿百姓钱，走的是制度"后门"，钻的是监管漏洞。

(19)没办法，只好走他太太郭红的"后门儿"。

"后门"与"走"形成"后门……走"的组合形式，共出现 7 例，比如：

(20)说实话，我们一家人无论混得好混得孬，老爷子是说到了也做到了"从我这里一个后门都别想走"。

(21)这些做法都将对酒后驾车违法行为形成"零容忍"的打击和震慑，让"权"和"富"在酒后驾车高压线前无后门可走，打掉少数人的嚣张气焰和侥幸心理。

"后门"与"走"形成的组合见表六。

表六

走＋后门	走……后门	后门……走
16例	13例	7例

表六表明,"走后门"的固定性的语料值为0.44,固定程度并不算高。但是,要是将意义表达的情况考虑进来,则有所不同。在"走"与"后门"的各种搭配中,"走……后门"中有3例、"后门……走"中有2例都只是表达了字面的组合意义,比如:

(22)随后食堂正门正对着的大门被公司封锁,禁止车辆和人员进出,内部人员一律<u>走</u>侧门和<u>后门</u>。

(23)可惜的是,在球迷望眼欲穿苦等国足时,他们已经从<u>后门</u>的特别通道<u>走</u>了,球迷的"圣旨"最终没有送到米卢的手中。

这些意义上的特殊用法,在统计时是需要排除出去的,这样一来,"走后门"固定性的语料值实际上应该为16/31,即0.52。

4.3 "后门"与"开"的组合中,直接形成组合形式"开后门"的共有8例,比如:

(24)新生入学都一个多月了,仍陆续有人找……<u>开</u>"<u>后门</u>",希望把子女转到他当校长的浙江省宁海县高级职业技术中心学校就读。

(25)怕她累坏了,大家请保姆把关拦住一些"不速之客"。可把住了"前门",她自己却<u>开</u>"<u>后门</u>"。

"后门"与"开"组合成"开……后门",共有30例,比如:

(26)招聘过程没有审查应聘人员的考试资格,事后也没有核实相关法律依据,这实际上为违规行为开了后门。

(27)豪泽决定,这一规定自8日起正式实施。不过,豪泽还是给部长们开了个"后门"。他说:"如果部长们有要求,我们可以在水杯里加些薄荷或柠檬什么的。"

这30例中,有1例表达了字面的意义,需要排除,比如:

(28)为了成人之美,老人们就集思广益,一起到几里之外的山冲采来厚厚的青石板,为年轻人铺就了一条通往心上人的青石板路,不仅如此,他们还在寨子背面开了个小后门。

"后门"与"开"形成的组合见表七。

表七

开+后门	开……后门
8例	29例

该表显示,"开后门"的固定性的语料值约为0.22。

4.4 "后门"与"关"形成"关后门"(1例)、"后门……关"(8例)、"关……后门"(7例)等,比如:

(29)地方政府融资的发展,简单禁止是行不通的,目前迫切需要"治存量、开前门、关后门、修围墙",打造一套可控风险和可持续的地方"阳光融资"的制度和法纪。

(30)这让人想起国资委领导同志在规范中央企业负责人薪酬时曾经说,"前门一定要开,后门一定要关,旁门一定要清"。这话很有嚼头,虽然是针对央企负责人所说,但对所有领导干部都有参照意义。

(31)这时候,有些深明大义的夫人,坚决关住"后门",拒收任何不义之财,这就给了不法分子当头一棒。这实际上也是给丈夫帮了大忙,尽了夫人应尽的责任。这样的廉内助,值得称赞。

其中,"关……后门""后门……关"各有1例表达字面意义,除去它们后共剩下14例。它们的组合情形见表八。

表八

关+后门	关……后门	后门……关
1例	6例	7例

"关后门"固定性的语料值仅为0.07。

4.5 "后门"与"找"形成"找后门"(6例)、"找……后门"(3例)、"后门……找"(1例)等,比如:

(32)原来是,SCI那里没有亲戚熟人,没有"假球"、"黑哨",托不了关系,找不到后门,只有靠硬梆梆的科研本事,响当当的科研成果。

(33)公开选拔后备干部,使广大干部受到了一次深刻的教育,人们看到了这样一个事实,今后想提拔,没本事不行,群众不认可不行,靠资历、靠关系、靠找后门不行。

(34)当"关系"不可"跑","后门"不可"找","路子"也不可"托"时,人际交易平台的商业价值自然会大大下降。

"后门"与"找"的搭配情形见下表九。

表九

找+后门	找……后门	后门……找
6例	3例	1例

其中,"找……后门"有1例表达了字面意义,这样共剩下9

例。因此"找后门"固定性的语料值是0.67。

4.6 "后门"与"留"形成"留后门"(3例)、"留……后门"(12例),比如:

(35)安全性包含两个方面,一就是数据的加密,这个方面各大厂家都做得不错,采取了不留后门的方法,也就是说当你忘记密码时,数据只有毁掉这个唯一的解决办法,从而保证了数据不会被任何人用任何方法拿到。

(36)这个道理建立在规律的基础之上,又时不时给"例外"留下若干后门。唯其如此,运动场上才总充满了悬念和意外的魅力,人生才总书写出喜怒悲欢的精彩。

其中,"留……后门"有1例只表达其字面的意义,这样共剩下14例,彼此形成的组合见表十。

表十

留+后门	留……后门
3例	11例

"留后门"固定性的语料值为0.21。

4.7 "后门"与"堵"形成"堵后门"(6例)、"堵……后门"(8例)、"后门……堵"(5例)等,比如:

(37)干部人事制度改革的方向就是要走"前门"、堵"后门",通"大路"、堵"小路",这是大趋势。

(38)破了"熬官"者的美梦,堵了"跑官"者的后门,断了"买官"者的念头。

(39)据法制日报报道,临近春节,河南新乡市金利来购物中心热闹非凡,但这里前门没有消防通道,后门被堵得严严实实。

其中,"堵……后门"有1例表达了字面的意义,这样还剩下18例,组合情况见表十一。

表十一

堵+后门	堵……后门	后门……堵
6例	7例	5例

"堵后门"固定性的语料值为0.33。

五

语料中,以"开门"与"见山"的组合为搜索重点,总共检索到213例。其中,有209例全都用于比喻意义的表达,而且全都以"开门见山"的组合形式出现,其固定性的语料值为最高的1。比如:

(1)英国友人发言<u>开门见山</u>,温总理的回应坦诚真挚。

(2)"网上疯传您几天前说的'中国要在钓鱼岛上驻军'?"记者<u>开门见山</u>。

另外有4例则表达了它字面的组合意义,比如:

(3)我是头一次看到一座城的房子完全是沿河而建的,几乎家家<u>开门见山</u>,户户白云擦窗,人人可凭窗看河。

(4)"老师讲课的时候说'<u>开门见山</u>',叔叔你看,我们家一开门,就能见山。"

这4例仍然全部是以"开门见山"的形式出现。这就是说,不管是否考虑它表达的意义,其固定性的语料值都相当高,足见其结构的稳固性很强。

六

本文的实践表明,借助语料值对固定语的固定性进行量化的表述是可行的,得出的结论十分直观地表述了不同固定语自身所具有的固定程度。各固定语固定性的语料值见表十二。

表十二

固定语	语料值
红头文件	0.89
走弯路	0.01
走后门	0.52
开后门	0.22
关后门	0.07
找后门	0.67
留后门	0.21
堵后门	0.33
开门见山	1

固定语固定性的语料值用于表明,作为一个固定语,它自身所具有的固定程度到底是怎么样的。也就是说,固定性语料值的高低不能用来作为判断它能不能成为固定语的依据。

还需要指出的是,语料值具有相对性,是一定语料范围内的值。超出语料范围来谈论语料值,这就成了主观上的臆断。从这个意义上来说,掌握的语料越多,据此得出的语料值就越具有普遍的价值,对固定语固定性的说明能力也就越强。

附注:
① 作者近日又专门撰文《固定语固定程度的影响因素及相关分析》(待

刊），为该方法的实施提供理论上的支持。

② 的确，从未见海内外有拿它来作为选美的标准或标准之一的。

③ 回头率的博取其实与多方面的因素有关，这儿只是想借此说明"美"的判断可以有多个角度。

④ 此处转引自 Stefanie Wulff Rethinking Idiomaticity 第41页的相关内容。

⑤ 语料收集对象为人民网中的《人民日报》《人民文摘》《人民日报海外版》《中国经济快讯周刊》《环球时报》《京华时报》《汽车族》。语料时间为 2006.1.28－2011.7.1。

⑥ 之所以以"红头"而不是直接以"红头文件"为搜索对象，是因为考虑到这样做，既可以从组配的角度看出"红头"多大程度上与"文件"相关联，同时又能看出它在与"文件"形成关联后的固定程度究竟如何。下同。

⑦ 本文所有数据均是利用人民网中的搜索功能键进行自动搜索的结果。

⑧ 语料中，一个词与另一个词多大程度上的关联就可以看成固定语，现在还没有形成共识性的意见。当然，能否成为固定语，并不只与相互关联程度这一个因素有关。

⑨ 相关分析请参看拙著《现代汉语缩略词语研究》（天津人民出版社，2001）。

⑩ "打开"与"后门"形成的43组合中，除2例外，其他都表达字面的组合意义，使其表达上不具有整体性。"开设"的情况与之类似。因此，它们都不在固定语考虑范围之内。

参考文献：

[1] 王吉辉.从原型理论来看固定语的识别[A].词汇学理论与应用[C].北京：商务印书馆，2004.

[2] 王吉辉.固定格式与固定语[J].南开语言学刊，2008(1).

[3] Berry Rogghe, G. L. M. Automatic identi cation of phrasal verbs[M]. In J. L. Mitchell(Ed.), Computers in the Humanities, 1974.

（作者单位：南开大学汉语言文化学院　天津　300071）

体词性俗语中的比喻构成初探

马 启 红

一 关于体词性俗语

王力先生说过,"甲观念与乙观念综合,有时候用文法成分表现二者的关系,这是所谓'屈折作用'及'介词';甲语句与乙语句综合,有时候用文法成分去表示它们的关系,这是所谓'连词';……不用的时候,这些关系的表现,往往寄托在词的次序之上;甚或不用文法成分与词的次序去表现,只把甲观念与乙观念并列着,甲语句与乙语句并列着,让对话的人自己去体会它们的关系。这种情形,在中国语最为常见"(王力,2000)。体词性俗语的结构形式就属于这种情形,它或是两个体词或体词性短语按一定顺序前后排列,或是两个甚至多个意象直接拼合。体词性俗语中的 $N(NP)_1$ 和 $N(NP)_2$ 常是言语成链,相连为流,中间无动词,无关联词,组合时通过语义、逻辑或语序使得层次间语义自然连贯,形成一个语义高度融合的整体。体词性俗语在结构形式上体现出点状信息的特征,人们在理解时不能被动地接受这些信息,而是要通过感悟,调动语言环境、认知常识、文化素养等主观因素去积极主动地领会。比如:陈谷子烂芝麻|春天孩儿面|大猫头,老鼠尾|当家人,恶水缸|平地风波|言语的巨人,行动的矮子|一把屎一把尿|一个萝卜一个坑|一箭双雕|一颗麦子一道缝,一个人一个性。在这些俗语的语

表形式中,我们看到的是由两种不同事物名称并列构成的体词性俗语。如果从比喻构成的角度分析这些体词性俗语,则看到的或只是本体和喻体,或只是喻体而没有本体;并且无论是哪一类比喻,都不出现任何比喻词或连接词;作为比喻重要组成要素的相似点也不在语表结构中体现。这种比喻构成是受体词性俗语本身特殊的语言表达方式制约而形成的。

本文拟以比喻型体词性俗语为考察对象,从比喻构成的角度分析其特殊的比喻构成特征,同时探讨此类俗语比喻意义的生成与理解机制。

二　比喻型体词性俗语的比喻构成特点

比喻型体词性俗语,要么是以物喻人、以物喻物,要么是以人喻物,充当本体和喻体的都是体词或结构一致的体词性短语,如:好汉一言,快马一鞭|女人心,海底针|说出的话,泼出的水|七月的天,孩子的脸。一个完全型比喻,其表层的典型结构模式应是:S(本体)像 O(喻体)一样 X(喻解:相似点)。这些组成部分会根据表达的需要而隐现,构成多姿多彩的比喻形式。下面将根据比喻的"原型"结构及语言形式,考察体词性俗语中比喻的构成特点。

(一) 不出现比喻词

"喻词"是修辞学中传统的说法,由于其涵盖较窄,不断有学者提出异议。王希杰认为暗喻中常用的连接词语"是、做、为、变为、变成、等于、当作是"不宜看作是比喻词(王希杰,1987)。聂焱提出用"联结方式"代替"喻词"的称谓,指出联结方式是在比喻的表层结构中将本体和喻体结合为一体的手段,包括词语联结手段,语法、语义联结手段和零形式手段(借喻)(聂焱,2009)。

比喻型体词性俗语中其本体和喻体之间的联结方式即体现为一种特例。不管是哪种比喻类型,比喻词"像、若、似、仿佛……"以及连接词"是、变为、等于……"在体词性俗语中都不出现,如:

(1)借喻:风前的残烛,瓦上的霜雪|一尺水十丈波|一个萝卜一个坑……

(2)暗喻:当家人,恶水缸|一个朋友一条路,一个冤家一堵山|春天孩儿面|蛾眉皓齿|伐性之斧|女人心,海底针……

(3)倒喻:蝎子的尾巴,继母的心|一个香炉一个磬,一个人一个性……

这些俗语的语表结构都为 NP_1+NP_2,是两种不同事物的并列呈现。如果给其中的一些俗语加上句调,它们则会变成"体词谓语句",如:

(1)一个朋友|一条路,一个冤家|一堵山。

(2)春天|孩儿面。

(3)当家人|恶水缸。

(4)蛾眉皓齿|伐性之斧。

(5)女人心|海底针。

如果把传统意义上的主语作Ⅰ段,谓语作Ⅱ段的话,Ⅰ段与Ⅱ段之间有较大的语音停顿,书面形式表现为"逗号",通常蕴含某种逻辑关系。在这些主谓型体词性俗语中,$N(NP)_1$ 与 $N(NP)_2$ 之间结构和语义的连接依靠"逗号"架起桥梁,取代了喻词或连接词。Ⅰ段 $N(NP)_1$ 为限定的对象、范围等,Ⅱ段 $N(NP)_2$ 则以中间的"逗号"为起点,转换口气,或对Ⅰ段 $N(NP)_1$ 进行纵向延伸,或对其进行横向评说。这里的"逗号"可以换成不同的喻词或连接词,与 $N(NP)_2$ 一同构成谓语,比如:当家人(是)恶水缸、蛾眉皓齿(是)伐性之斧、女人心(有如)海底针。然而正是这些喻词的缺省使得俗语可以表达更为广延的逻辑关系,使俗语意义有了回旋的余地和想象的空间,获得了一种因为适度的意会而产生的美感。如果补足缺省的喻词,则有画蛇添足之感。

(二) 不出现喻解

相似点是比喻构成的必要因素,是联系本体和喻体的纽带和基础,没有它根本无法构成比喻。"喻解"是相似点在比喻表层结构中的称谓,对本体和喻体之间的相似点进行揭示和解释。喻解作为表层结构中的成分根据表达的需要可以隐去。常见情况一般有三种。

一是在借喻、暗喻、排喻中,喻解受语言表达方式本身的制约而隐去,如:

(1)吾闻千羊之皮,不如一狐之腋。(《史记·赵世家》)(借喻)

(2)如果以一天中的时间来对应四季,当然春天是早晨,夏天是中午,秋天是黄昏,冬天是夜晚。如果以乐器来对应四季,我想春天应该是小号,夏天是定音鼓,秋天是大提琴,冬天是圆号和长笛。(史铁生《我与地坛》)(暗喻、排喻)

借喻是比喻中的高级形式,其本体与喻体的关系十分密切,所以在特定的语境中,由喻体可以直接领会到本体,隐去喻解。暗喻的本体和喻体在形式上是相合的关系,喻体对本体直接陈说,如例(2)中,用人们熟知的"早晨、中午、黄昏、夜晚","小号、定音鼓、大提琴、圆号和长笛"的特点直陈"春、夏、秋、冬",在这组排喻中,如果相似点以喻解的形式说出来,意境将不再耐人寻味。

二是有时人们为了语言表达的含蓄蕴藉,故意隐去喻解部分,如比喻句"我之喜欢饮茶,还是为了茶的滋味最像人生"(张秀亚《茶》)。如果把本体"茶的滋味"与喻体"人生"的相似点"涩苦与清淡"点明,则显得索然无味。

三是有些比喻的相似点很明确,浅显明白,一看便知,无需喻解。口语中许多比喻都是这样的,如说"北京是祖国的心脏",自然是指北京有着政治文化中心的重要地位。

除上述三种情况之外,比喻型体词性俗语受其自身特殊结构的制约,喻解部分也不出现。这种特殊的比喻构成形式是由俗语本身的性质决定的。俗语是结构相对固定的短语,如果以"本体＋喻体＋喻解"的方式出现,语表结构则会明显扩展为句子,不仅改变了俗语的语言结构,不成其为"语",还会改变比喻类型。如"春天孩儿面"变为"春天有如孩儿面多变"则由比喻型俗语变成了普通的比喻句,比喻类型也由暗喻变为明喻。

当喻解不在俗语语表结构中出现时,就会产生相似点在体词性俗语中以什么样的方式蕴含,又以什么样的方式体现的问题。

相似点的发现依靠的是人类的联想能力。在体词性俗语中,本体和喻体之间的相似点需要人们通过认知经验去联想和领悟,如:

(1)人的名儿,树的影儿:(比喻义)指人名声的好坏、名气的大小、名望的高低、名节的有无与人如影随形。

(2)快马一鞭,快人一言:(比喻义)就像好马只需抽一鞭子就能跑起来一样,聪明的人一句话就能点拨通。

(3)刀子嘴,豆腐心:(比喻义)形容人言辞尖刻,心地善良。

(4)人生一世,草木一秋:(比喻义)人活一生,就像草只长一季一样短暂。指人生短暂,不可虚度。

这些比喻型体词性俗语,是利用一种事物去理解另一种事物,通过生活中最为平常、熟悉的事物去认识和推理生活中难以定义的概念。共同的认知规律逐渐促成了俗语中比喻的定型,使得本体和喻体之间的相似点在语言交际中不言而喻,并且约定俗成了话语含义,因而,在自然语言中无需向听话者阐释相似点。只是俗语作为固定短语,其比喻义以义项的方式记录在词典中时,词典编纂者会以喻解的形式揭示和解释其比喻义。

一般而言,词典中俗语的喻解会把本体和喻体之间的相似点简洁明了地罗列出来(如上述几例的比喻义);而文学作品中比喻的喻解则通常趋于复杂化,也即学者们所说的"延体"或"喻展"。如:"感觉出国这四年光阴,对家乡好像荷叶上泻过的水,留不下一点痕迹。"(钱锺书《围城》)本体是"出国这四年光阴",喻体是"荷叶上泻过的水",喻解或比喻的延伸"留不下一点痕迹"既是说本体"出国这四年光阴",又是指喻体"荷叶上泻过的水"的特点。从这个意义上说,俗语的喻解更侧重于"解释",文学作品的喻解更侧重于"描绘"。

(三)喻体必出现,本体可出现

由于喻词不出现,俗语语表结构中就只留下本体和喻体,或只有喻体。根据本体、喻体的位置与隐现情况,比喻型体词性俗语可分为暗喻、倒喻和借喻。

1. 暗喻

暗喻就是不用比喻词的比喻。暗喻常常用"是、成了、成为、变为、当作、相当于"等词语来连接本体和喻体。但在体词性俗语中,这些连接词都不出现,直接构成"本体+喻体"的形式。另外,一些

缺省比喻词"像、仿佛"的明喻也可以直接构成"本体＋喻体"的形式,转为暗喻,喻体采用直陈的表达方式,对本体进行陈述。如:

后娘的舌头,晴天的日头|嫁出去的女,泼出去的水|邻居一杆秤,街坊千面镜|人的名儿,树的影儿|生成的相,晒成的酱|衙门的钱,下水的船|一寸光阴一寸金|一儿一女一枝花|一个妇女一面锣,三个妇女一台戏

2. 倒喻

倒喻就是把本体和喻体的位置倒过来,即由常规的"本体＋比喻词＋喻体"变为"喻体＋比喻词＋本体",在体词性俗语中则体现为"喻体＋本体"。如:

一个香炉一个磬,一个人一个性|一颗麦子一道缝,一个人一个性|春天三冷三暖,人生三苦三乐|快马一鞭,快人一言|蝎子的尾巴,继母的心|三九天里冰,寡妇老婆心|刀子嘴,豆腐心

倒喻的形式是对常规比喻的偏离,目的是要强调喻体最凸显的特征,用喻体最凸显的特征引证本体,常给人引人入胜、豁然开朗的感觉。

3. 借喻

借喻就是不出现本体,把比喻的事物(喻体)直接借过来当作被比喻的事物(本体)的比喻。俗语中多利用借喻的方式描绘事物、表达思想,而在借喻型体词性俗语中以惯用语和成语的数量居多,如:

晴天霹雳|四面楚歌|一石二鸟|狡兔三窟|四两鸭子半斤嘴|一步一个台阶|一尺水十丈波|一个萝卜一个坑|一个门口一个天|一个媳妇十个婆婆|一字长蛇阵|鸡一嘴,鹅一嘴|一

时猫脸,一时狗脸|陈谷子烂芝麻|红皮萝卜白心子|狼心兔子胆|眼中钉,肉中刺|仨核桃俩枣|银样镴枪头|三分钟热度|事后诸葛亮

这些借喻型体词性俗语,语表结构均由生活中人们熟知的事物组成,如"鸭子、猫、核桃、萝卜、媳妇、婆婆、诸葛亮"等。人们利用或参照这些熟知的、有形的、具体的概念来认识无形的、抽象的、难以定义的概念,形成了一个不同概念之间相互关联的认知方式。因而在这种表达中,我们看到的只是熟悉事物的特点或状态,感知到的却是另一番深层次的含义。如"鸡一嘴,鹅一嘴""红皮萝卜白心子",首先,"鸡、鹅""红皮萝卜"这些事物人们都非常熟悉;其次,借鸡、鹅乱叫的场景比喻人多嘴杂意见多,用白心的红皮萝卜比喻人表里不一。

三 结语

体词性俗语的比喻构成形式特殊,喻词和喻解在表层结构中都不出现,但这些并不影响体词性俗语"比喻"的形成。相反,正是这些特殊性丰富了比喻的表现形式,我们可以通过分析这些特殊性更深层次地了解比喻的构成特征。

参考文献:
[1] 聂焱.比喻新论[M].银川:宁夏人民教育出版社,2009.
[2] 王力.王力语言学论文集[M].北京:商务印书馆,2000.
[3] 王希杰.比喻的深层结构和表层结构[C]//修辞学研究(第4辑).北京:语文出版社,1987.

(作者单位:山西省社会科学院语言研究所 太原 030006)

从"语"的英译看洪堡特的辩证翻译观

王 海 静

威廉·冯·洪堡特(Wilhelm von Humboldt,1767—1835),德国语言学家、哲学家、政治家。洪堡特的学术活动,涉及哲学、文学、美学、历史、古典文化等传统人文领域,也涉及生物、生理、解剖、心理、地质等自然科学。但在语言学方面他下力最勤,著述最多,是比较语言学创始人之一。在语言翻译研究方面,洪堡特也颇有建树,是一位重要的译论家。

《红楼梦》是我国古代著名的长篇小说,在文学史上有着里程碑的意义。它的语言,既继承了中国古典小说的传统,又吸收了群众的语言加以提炼,特别是对于"语"(即通常所说的"习语""熟语""俗语")的运用更是绝妙无比,影响了一代又一代的读者。杨宪益夫妇所译的《红楼梦》被称作中西文化交流史上的一座里程碑。本文从该经典译著中精选出 600 条"语",与《汉语熟语英译词典》[①]的语目进行对比分析,试着透视洪堡特的翻译思想。

一 辩证的翻译观

洪堡特的翻译思想深深植根于他的语言理论之中,其语言观是辩证的,翻译观也是如此。洪堡特有一句名言:"民族的语言即民族的精神,民族的精神即民族的语言。"也就是说,语言与该民族的精神密不可分。语言是民族的最大特征,民族间的最大差异主要表现在语言方面;语言随着民族的发展而发展,语言是一个民族的历史、文化、风俗的载体。既然洪堡特认为每一种语言都包含了一种独特的世界观,那么每一种语言的个性似乎从本质上都肯定了不可译性。但是,洪堡特虽然强调语言的个性,但并不否定语言的共性:人类所有的语言具有统一的内在形式,并在这个范围内显示出差异。用他的话说就是:"所有的语言都共享一种有机体,其差异乃至对立只能在这种普遍的同一性之内理解。"因此,不同的语言又是可译的。

在可译与不可译的辩证思想基础上,我们来探析杨氏译著《红楼梦》中俗语的翻译情况。根据译著中"语"的统计,600条"语"中只有144条采用直译的方式翻译,即只有34%进行了直译,剩下456条则采取意译、节译和借用英语中同义"语"等方法。

二 "语"的可译性

先从词看起,汉语中的绝大部分词都比较容易在英语中找到对等的说法。例如,汉语中"风暴"一词,它在英语中对应的单词是"storm";"雨"一词对应的英文单词是"rain",请看下边的词典解释:

例(1)风暴:刮大风而且往往时有大雨的天气现象。(《现代汉语词典》第5版,商务印书馆,2005)

storm:very bad weather with strong winds and rain, and often thunder and lighting.(《牛津高阶英汉双解辞典》第6版,商务印书馆,2004)

例(2)雨:从云层中降向地面的水,云里的小水滴体积增

大到不能悬浮在空气中时,就落下成为雨。(《现代汉语词典》第 5 版,商务印书馆,2005)

rain:water that falls from the clouds in separate drops. (《牛津高阶英汉双解辞典》第 6 版,商务印书馆,2004)

表示概念性的词——"风暴"和"storm""雨"和"rain",在两种辞典里,无论是汉语还是英语的注释,基本上是接近的,是两组对等词。"语"却不同,"概念性"的词相加后得到的并非"概念性"的"语",因此翻译相当复杂。

来看《红楼梦》中贾母所说的"躲过了风暴又遇了雨":

原文:倘或再有点事出来,可不是他们"躲过了风暴又遇了雨"了么?(一○七回)

翻译:Because if any other trouble should happen to us in future, wouldn't they be out of the frying-pan into the fire?

注释:from a bad situation to an even worse one.

惯用语"躲过了风暴又遇了雨",在译著中杨氏夫妇并没有对应地直译出"风暴"和"雨"两个词,而是换成了"煎锅(frying-pan)"和"火(fire)"。"out of the frying-pan into the fire"是一句英语习语,译成汉语则是:"从一个坏处境转到了一个更糟的处境。""out of the frying-pan into the fire"同汉语"躲过了风暴又遇了雨"的深层意义都表示"躲过了一场灾难,又遭遇了另一场灾难"。这种翻译形象生动,在一定程度上也更便于外国人想象和理解。词可以翻译,而对于"语",翻译时,只要抓住深层意义进行转化,同样可以取得好的表达效果。"语"是可译的。

下面的"语",汉语字面有所差别,语性也不同,但译文基本一

致,几乎没有差别。如:

成语"盛筵必散"和谚语"千里搭长棚,没有不散的筵席":

例(1)原文:眼见不日又有一件非常喜事,真是烈火烹油,鲜花着锦之盛。要知道,也不过是瞬间的繁华,一时的欢乐,万不可忘了那"盛筵必散"的俗语。(一三回)

翻译:Even the grandest feast must have an end.

注释:Used metaphorically to mean that all experiences, even pleasant ones, eventually end.

例(2)原文:俗语说的好,"千里搭长棚,没有个不散的筵席",谁守谁一辈子呢?(二六回)

翻译:Even the longest feast must break up at last.

例(3)再俗语说:"千里搭长棚,没有不散的筵席。"再过三二年,咱们都是要离这里的。(七二回)

翻译:Even the longest feast must break up at last.

注释:Even the longest feast must break up at last./the best of friends must apart./All beautiful things come to an end.

例(1)是四个字的成语,例(2)例(3)都是谚语,例(2)只比例(3)多出一个"个"字来,三条"语"深层意义都相同,虽然字面不同、语性不同,但译文几乎没有差别。例(2)例(3)译文完全相同,和例(1)相比,细微的差别在于:例(1)中用了"the grandest",意为"最盛大的";例(2)例(3)用的是"the longest",意为"最长的"。可以说,三个例子中翻译基本上是一致的,如果将译文再翻译回汉语就是:"再大的宴席也有结束的时候。"《汉语熟语英译词典》对于这两类成语和谚语的"注释"意思大致相同,都说的是它们的深层意义。以上例子证明:字面有差别,类型不同的"语",只要它们的深层义相同,均可采用相似或相同的译文而不影响表达效果,都是可译的。

通过以上例子可以看出,语义除了自身的字面意义外,还有深层意义。因为语义具有组合性和融合性。语义的组合性,表现为语义的构成语素之间的意义是组合关系,即研究语义不能脱离构成它本身的词的意义来孤立分析;语义的融合性,是指构成语义的语素义融为一体,无法根据语素义进行分析,即"语"的意义不等于概念性词义的简单叠加。翻译时必须透过组成"语"的"词",分析并抓住深层意义,翻译才可能进行。除了借用原有的英语习语进行替换翻译外,汉语中的一些"语"也可以直接翻译。

三 可译中的不可译

"语"虽然可译,但是这种可译又是不完全的。笔者认为这就是洪堡特所说的"不可译性"。洪堡特认为:翻译的最低也是首要标准就是忠实。对忠实的追求是维持原文与译文之间联系的纽带,这根纽带一经切断,译文无论"达到了"什么其他的"'好'的目的"也无从被称为译文,翻译自然也就不复存在。杨宪益也视忠实原文本为第一要义,他说:"我认为翻译的时候不能做过多的解释。译者应尽量忠实于原文的形象,既不要夸张,也不要夹带任何别的东西。当然,如果翻译中确实找不到等同的东西,那就肯定会牺牲一些原文的意思。但是过分强调创造性原则是不对的,因为这样一来,就不是翻译,而是改写了。"因此,杨氏的《红楼梦》译著在忠实性上优于其他同类作品。但是,洪堡特也认为:"译者越是追求忠实,译文越是偏离,因为追求忠实也就意味着试图去模仿精巧的独特性;这种做法回避了普遍性,译者将不可避免地用另一种不同的特征来匹配每一种特征。"也就是说,翻译的忠实性和充分性本身就是矛盾统一体。特别是"语",作为一个民族文化的精髓,有一定的灵活性,口语性强,生动形象;内容多与历史、风俗等文化密切相关。要想充分地翻译,难度更大。

(一) 语言形式上的不可译

洪堡特说:"只要读者感受到的不是怪异陌生感,而仅仅是一丝的异国情调,翻译就达到了其最高目标。"也就是说,采用英语中已有的习语进行替换翻译是很好的方法。但是实际操作中,汉语中的"语"却很难在英语中找到现成的对等语。因此,在翻译时,为了要表达清楚,抓住"语"的深层义,不得不牺牲一些"面子上的东西",即丧失"语"在节奏上的韵律美、形式上的对称美。

请看下例:

例(1)原文:林黛玉道:"偏说死!我这会子就死!你怕死,你长命百岁的,如何?"(二〇回)

翻译:You can live to be a hundred.

例(2)原文:你满家子算一算,谁的妈妈奶奶不仗着主子哥儿姐儿多得些益,偏咱们就这样丁是丁卯是卯的,只许你们偷偷摸摸的哄骗了去。(七三回)

翻译:Why expect us to be so scrupulous?

例(3)原文:春燕因向他娘道:"我素日劝你老人家再不信,何苦闹出没趣来才罢。"他娘笑道:"小蹄子,你走罢,俗语道'不经一事,不长一智'。我如今知道了。你又该来质问着我。"(六〇回)

翻译：We learn form experience.

例(1)是成语,例(2)是惯用语,例(3)是谚语。成语在结构上的最大特点就是"二二相承",例(1)中的"长命百岁"是典型的完全意义上的"二二相承"式,但是英译过来后,"长命百岁"则翻译成了一句话:"你能活到一百岁",形式上没有任何"二二相承"式的对应。例(2)"丁是丁卯是卯"也是典型的对称式,而译文中"scrupulous"是形容词,表示"严格认真",形式上的对称性和节奏感并没有被表现出来。谚语,特别是复句型的谚语,在结构形式上也大都具有对称性,例(3)的谚语,形式上是"四对四"的结构,而且有一定押韵性,但翻译成英文,"不经一事,不长一智"就成了主谓句"我们能够从经验中学到东西",其在汉语里所具有的对称性、押韵性完全没有也无法翻译出来。

歇后语是汉语中特有的语言形式,翻译成外文的难度也最大。特别是双关谐音歇后语,翻译成英文后,原先所具有的歇后语的特点完全没有了。如:

例(1)原文:凤姐道:"我那里照管得这些事!见识又浅,口角又笨,心肠又直率,人家给个棒槌,我就认作'针'。脸又软,搁不住人给两句好话,心里就慈悲了。"(一六回)

翻译:I'm too ignorant, blunt and tactless, always getting hold of the wrong end of the stick.

例(2)原文:你不用和我花马吊嘴的,清水下杂面,你吃我看见。见提着影戏人子上场,好歹别戳破这层纸儿。(六五回)

翻译:We'd better keep clear of each other. I have seen plenty of shadow-plays in my time; anyway don't tear the

91

screen to show what's behind the scenes.

例(1)中,歇后语"给个棒槌——就认作针"利用汉语中"针"和"真"的同音,采用形象、生动的手法表达了"死板、脑子不灵活"的意思。英文翻译只用了"ignorant, blunt, tactless"一系列的词以及英语短语"always getting hold of the wrong end of the stick"替代了原文的"见识又浅,口角又笨,心肠又直率,人家给个棒槌,我就认作'针'",将译文中的英语翻译过来就是"愚蠢,迟钝,不圆滑,完全搞不清楚状况",在译文中完全没有了汉语中歇后语的影子。例(2)是尤三姐面对两个纨绔子弟的挑逗和侮辱时所说的话,表示自己清楚二人的险恶用心,这里并没有将歇后语"清水下杂面——你吃我看见"翻译出来,而是用这样的意思代替:"我们最好相互离远点。皮影戏我见多了,不管怎样别撕破了屏幕露出后面的场景来",只对后面的歇后语"见提着影戏人子上场,好歹别戳破这层纸儿"进行了相对的意译。这两条歇后语字面基本相同,但都没有翻译出来。语义上的双关丢失,语音上的"针"和"真"更是无法看出。

(二) 文化内涵上的不可译

语言是文化的载体,文化是语言的内核。经过词义的融合,大于词的"语"必然承载了更多的民族文化。外国人学习汉语进入高级阶段后,重点和难点就在于要深入了解汉民族的文化,"语"自然也是他们学习的一大难点。因此,包含了深厚民族文化的"语",在进行翻译时,也很有挑战性。如:

例(1)原文:香菱笑道:"好姑娘,你趁着这个工夫,教给我作诗罢。"宝钗笑道:"我说你'得陇望蜀'呢。我劝你今儿头一日进来,先出园东角门,从老太太起,各处各人你都瞧瞧,问候一声儿,也不必特意告诉他们说搬进园来。"(四八回)

翻译：The more you get, the more you want.

例(2)原文：香菱笑道："一则是天缘，二则是'情人眼里出西施'。当年又是通家来往的，从小儿都一处厮混。"(七九回)

翻译：It's partly fate, and a case of beauty is in the eye of the beholder.

例(3)原文：什么"好话"！宋徽宗的鹰，赵子昂的马，都是好画(话)儿。什么"喜事"！状元痘儿灌的浆儿又满是喜事。怪道成日家美慕人家女儿作了小老婆，一家子都仗着他横行霸道的，一家子都成了小老婆了！(四六回)

翻译：What's all this talk of good news and good fortune?

例(1)是成语，例(2)是谚语，例(3)是歇后语。例(1)成语"得陇望蜀"中，"陇"指甘肃一带；"蜀"指四川一带。东汉初年，刘秀派兵攻打陇地和蜀地，在他给部下岑彭的信中说道："既平陇，复望蜀"，意思是平定陇地后不应满足，紧接着南下平定蜀地，后来演变成"得寸进尺，贪心不足"的意思了。译著中的译文，例(1)采用了"the more…the more…"的句式，意思是"得到越多，欲望越多"，但翻译无法将成语所包含的文化典故表现出来。例(2)谚语"情人眼里出西施"中，"西施"是春秋时越国施姓的美女，曾被越王勾践献给吴王夫差，后被作为美女的代称。译文为了外国人能够看懂，将现成的英语谚语"beauty is in the eye of the beholder"与之等同，而该英语习语的原意是"对美的判别因人而异"，并没有将美女"西施"翻译过来，至于西施远嫁他国的故事就更无法传播过去了。例(3)是鸳鸯嫂子劝鸳鸯嫁给贾赦做小妾时，鸳鸯讽刺她嫂子的话。这里连用了两个歇后语，包含了一定的民族文化知识，让人看

93

了以后感觉形象生动。"宋徽宗的鹰,赵子昂的马——都是好画(话)儿"中,利用了歇后语的谐音双关"画"和"话"。历史上,宋徽宗擅长画鹰,赵子昂擅长画马,他们的画都很珍贵,因此是"好画儿"。"状元痘儿灌的浆儿——满是喜事"中,"状元痘儿"是天花痘疹的讳称。民间认为,痘疹发出,灌浆饱满,生命便无危险,所以说是"喜事"。这两条的英译为了便于外国读者理解,都只用了一句话代替,即"什么是'好话'和'喜事'?"并没有将歇后语中的"引子"翻译出来,其中的文化色彩也就完全消失,原有的形象性、生动性则更无法表现出来。

由此可见,"语"在翻译成英文时,常常会丧失一部分人文性、形象性、生动性。因为"语"比词更具有民族性,负载了更多的民族文化知识,很难翻译得恰到好处,让外国读者准确、全面理解。如果逐词对应翻译,不进行加注,另行说明其中文化知识、历史典故的来龙去脉,恐怕外国读者也很难理解;如果只翻译深层意义,舍弃表层的一些描述,必然丢失部分文化典故知识。

附注:
① 尹邦彦.《汉语熟语英译词典》.上海:上海外语教育出版社,2006.

(作者单位:山西省社会科学院语言研究所 太原 030006)

汉语同义成语和异形成语的区别与释义问题

刘 中 富

一 引言

汉语成语数量多,内容丰富,形义关系复杂。汉语成语既具历史传承性,又具时代发展性。发展的结果,除了在不同时期形成一些新成语和原有成语产生新义外,也在不断地累积同义成语,出现一些异形成语。同义成语和异形成语是两个不同类聚,其性质、作用和形成机制各不相同,本应严加区分,区别对待。但在学术研究和词典编纂实践中对同义成语和异形成语均存在一些模糊认识,没有很好地加以区分进而采取不同的处理方式。在术语使用上也存在着一些混乱与分歧现象。本文针对目前研究存在的问题,从不同角度区分同义成语和异形成语,提出普通语文词典和成语词典在收释这两类成语时应采取的不同态度以及应采用的不同方式。

二 同义成语和异形成语的区别

同义成语跟异形成语(或称异体成语)有一定的相似性,即都是用不同的形式表达相同的意义,但是二者有着根本的区别。

从性质上讲,同义成语和异形成语是两种不同的成语类聚。

同义成语是意义相同或相近的一组成语,同义组内的不同成语或构成成分有异,或组合方式(主要是语序)不同,因此,整体而言,同义成语的读音是有差别的,如:博闻强记——博闻强识,比翼齐飞——比翼双飞,独具一格——别具一格,走马观花——走马看花,恼羞成怒——老羞成怒,宽宏大量——宽宏大度,屏声静气——屏声息气——屏声敛气——屏气敛息,不卑不亢——不亢不卑,千疮百孔——百孔千疮,八面威风——威风八面,春色满园——满园春色,自不量力——不自量力等。异形成语是读音和意义完全相同,只是在书写形式上有个别字不同的成语,如:鬼哭狼嚎——鬼哭狼嗥,博闻强识——博闻强志,抱残守缺——抱残守阙,毕恭毕敬——必恭必敬,死心塌地——死心踏地,宽宏大量——宽洪大量等。同义成语是词汇学或语汇学研究的对象,异形成语既是词汇学或语汇学研究的对象,也是文字学研究的对象,某种意义上主要是文字学研究的对象。

从存在价值上看,同义成语和异形成语也是不同的。一组同义成语,在语义和表达色彩上一般存在着或多或少的差异,人们可以根据实际需要有选择地使用,哪怕是意义完全相同的异序成语,在实际使用时往往也有不同的语用功能,比如韵律的需求、构成辞格的需要等。例如,"红军不怕远征难,万水千山只等闲""万水千山总是情"中的"万水千山"不宜改为"千山万水",否则,韵律之美大打折扣。"乡镇企业家们常说,他们的机遇是在'千山万水、千言万语、千辛万苦、千方百计'中得到的。""新娘佐佐木敦子,经中国政府批准已正式成为中国国籍的北京市居民了,他们的婚恋,真是千载难逢,经过千辛万苦,千山万水,又经过千锤百炼,终于迎来了这来之不易的一天。"其中的"千山万水"同样不能改为"万水千山",不然,就改变了连贯使用"千……万……"语模所造成的语势。"我连忙从门房阁楼上取出一个小铁箱,这小铁箱已经是尘垢满积,多少年未开过,里面就只有老婆寄来的这两封信,从缅甸到上海、从上海到台湾,千山万水,万水千山,一直跟着我,我可真是'万水千山总是情'。"①"万水千山"和"千山万水"的同时使用,产生了回环变化之美。这说明"千山万水"和"万水千山"虽理性义完全相同,仍有同时存在的语用需要。所以同义成语在汉语语汇中大量存在,是汉语成语丰富性的表现之一,是言语表达可利用的积极因素。一组同义成语尽管有使用频率和通用程度的高低差异,但这只说明人们使用上的选择取向,不能作为规范的依据。异形成语的存在虽然也是客观事实,并且新的异形成语还有不断产生的可能,但异形成语的存在却没有任何积极意义,它们是语汇规范化的对象,因此异形成语总是处在被抑制、被规范的过程中,而且数量要比同义成语少得多。

从形成机制上说,同义成语和异形成语有不同的形成渠道和过程。同义成语的形成不管是共时的还是历时的,是同源的还是非同源的,最常见的主要有四种情况:一是在形成过程中,选用不同的词或语素造成的,这不同的词或语素常常是同义或近义的,如:揠苗助长——拔苗助长,飞蛾扑火——飞蛾投火,承前启后——承先启后,不足为怪——不足为奇,插翅难飞——插翅难逃,别有洞天——别有天地,抱恨终身——抱恨终生——抱恨终天——抱憾终身,谈古论今——谈古说今——说古道今——说古论今等;二是用词相同,语序不同,这在内部结构为并列关系的成语上表现尤其突出,如:藏龙卧虎——卧虎藏龙,残垣断壁——断壁残垣,光明正大——正大光明,博古通今——通今博古,威风八面——八面威风,茅塞顿开——顿开茅塞,谈今论古——谈古论今,风餐露宿——餐风宿露,天翻地覆——翻天覆地等;三是四字格与四字以上的格式并存,四字格往往是四字以上格式的简缩形式,如:冰火不相容——冰火不容,一日不见如隔三秋——一日三秋,尺有所短寸有所长——尺短寸长等;四是综合运用不同手段描述说明同一情形、事理或故事,如:胸有成竹——成竹在胸,过河拆桥——卸磨杀驴,罄竹难书——擢发难数等。其实一、三、四也可以概括为一种情况,它们的共同特点是都有不同的构成成分。异形成语是由书写用字不同形成的,比较典型的有以下几种情况:一是使用异体字造成的,如:负隅顽抗——负嵎顽抗等;二是使用假借字造成的,如:百废俱兴——百废具兴等;三是使用古今字造成的,如:义无反顾——义无返顾等;四是使用异形词造成的,如:孤苦伶仃——孤苦零丁,宽宏大量——宽洪大量等;五是使用通用字造成的,如抱残守缺——抱残守阙,创巨痛深——创钜痛深等;六是同音误书或附会理据造成的,如:摩拳擦掌——磨拳擦掌,一锤定音——一槌定音等。

由此可知,严格区分同义成语和异形成语是有意义的,同义成语是有不同表达功能的一组成语,异形成语是同一个成语的不同书写形式。同义成语之间不仅有书写形式的不同,而且有读音、意义或功能、结构方面的差异,而异形成语仅仅是书写问题。

判定同义成语跟异形成语的界限可以参酌异形词的判定标准。一组含有不同构词语素的词不可能形成异形词,同理,含有不同词或语素(即构成成分)的成语也不可能形成异形成语。从来没有人把异序词(或称逆序词,如感情——情感,互相——相互,替代——代替等)视为异形词,同样,也不应该把异序成语看成异形成语。

但是由于异形成语跟同义成语(特别是意义完全相同的等义成语)具有一定的共性,不少论著没能很好地区分这两类成语,造成了认识上和术语使用上的混乱。主要情况有三种:

其一,把同义成语等同于异形成语或异体成语。如有人认为"成语是一种定型的短语,也称作固定词组。它是一种高度凝固了的语言结构,它的组成成分,一般不能随意用别的字或词来替换,它的组成成分的顺序,一般也不可以随意变动。但是一般不能完全代替个别,它还有例外的情形。这种例外的情形,就是一个成语在意义不变的情况下却可以有不同的写法或不同的顺序,或两者兼而有之。这种成语就可称之为异体成语。例如'揠苗助长',这里的'揠'就可写成'拔'。再如'森严壁垒',改变顺序就可说成'壁垒森严'。但是,作为一个整体,它们的意思并没有改变。"②首先"揠苗助长"的"揠"改为"拔"是换素问题,不能理解为只是写法问题;其次,"揠苗助长"与"拔苗助长"虽然理性义相同,但语体色彩有明显差异,不能视为等义;再次,如上所述,"森严壁垒"和"壁垒森严"由于韵律上的差异,也会有语用功能上的不同,如"早已森严壁垒,更加众志成城",若说成"早已壁垒森严,更加众志成城",上下句的平仄就不对应了。

其二,将异形成语和同义成语视为上下位关系,异形成语包含同义成语。如有人认为:"所谓异形成语,指意义相同而个别字书写形式或结构方式略有不同的一类成语。如'抱残守阙''百紫千红''大快人心'又分别写作'抱残守缺''万紫千红''人心大快',而意义没有改变。"③事实是"抱残守缺"与"抱残守阙"是真正意义上的异形成语,而"万紫千红"与"百紫千红""大快人心"与"人心大快"是同义成语,"万紫千红"与"百紫千红"有程度上的细微差别,"大快人心"与"人心大快"结构不同,前者是述宾结构,后者是主谓结构,语义重心有别。还有人将《现代汉语词典》中收录的大部分同义成语视为异形成语,并据其成因分为五种类型:置换字词类、调整词序类、改变说法类、增减字词类、综合变化类。[④]这些成因除了置换书写用字形成异形成语外,其他成因都是形成同义成语的。

其三,概念使用上的混乱。如有人先后提出"同一异形成语""异形同义成语"的概念,名称不同,所指相同。"汉语异形同义成语,就是指整体意义完全相同,形体结构不同,在语言运用中可以互换而不改变原义的一组成语。所谓整体意义,是指成语的整体词汇意义;所谓形体结构是指成语构成成分和成分的组合形式。例如,刻骨铭心、铭心刻骨、刻骨镂心、铭心镂骨,都表示刻记在心灵深处,永记不忘的意思;但是,刻骨铭心、刻骨镂心、铭心镂骨三个成语构成的语素均不相同,刻骨铭心、铭心刻骨,构成的语素虽然相同,但语素组合的顺序不同。在人们的语言交际中,它们可以互换而不影响原意的表达。"[⑤]"同一异形成语"概念内部存在语义矛盾,这可能是改用"异形同义成语"的原因。然而"异形同义成语"这个概念,如果"异形"是用来修饰"同义成语"的,那就等于多余,因为不存在同形的同义成语,同义组内的成语都是构成成分或结构方式有差异的。如果是"异形成语"和"同义成语"的合称,那是合不到一起去的,要知道同义成语和异形成语是性质根本不同的两个成语类聚。有人根据一组同义成语中不同成语使用频度的高低提出"通用成语"和"异体成语"的概念,认为"有少数成语的结构形式未定型为一,各自形成一组结构形式有差异而又有联系的意义相同的成语。同组成语中社会使用频度最高的一个称为通用成语,其余社会使用频度较低的称为异体成语。通用成语与异体成语结构形式的差异包括语素和语序两个方面,语素差异可区分为十种情况,语序差异多见于联合式成语。通用成语与异体成语是同义成语、同源成语,但又不同于一般的同义成语和同源成语。"⑥还有人将"通用成语"和"异体成语"合称,使用"通用·异体成语"概念,并将其划分为异素式和异序式两类。⑦习惯上"通用"与"非通用"相对,"异体"与"正体"相对,我们建议在讨论一组同义成语的使用频度时使用"通用成语"和"非通用成语"概念,而不使用"异体成语"概念,以免跟同一个成语的书写变体概念相混。

三 词典对同义成语和异形成语的释义问题

对同义成语和异形成语理论认识上的分歧与混乱,也同样反映在成语词典和普通语文词典的编纂实践上,这从成语词典和普通语文词典成语条目在沟通成语与成语之间语际关系时的表现可见一斑。

例如,《现代汉语词典》《应用汉语词典》等将"触目惊心"和"怵目惊心"处理为异形成语,以"触目惊心"为主条,以"怵目惊心"为副条,《现代汉语词典》主副条同出,《应用汉语词典》不出副条。

【触目惊心】看到某种严重的情况引起内心的震动。也作怵目惊心。

【怵目惊心】同"触目惊心"。(《现代汉语词典》)

【触目惊心】看到某种严重情况心里感到吃惊;形容事态严重,令人震惊。也作怵目惊心。(《应用汉语词典》)

《现代汉语规范词典》则不把"触目惊心"和"怵目惊心"视为异形成语,分别出条释义。从释义看,基本语义相同,但"怵目惊心"

强调了"怵"的语素义。"触目惊心"与"怵目惊心"属于同义成语。

【触目惊心】某种严重情况使人看到后内心震惊。形容事态极其严重。

【怵目惊心】看到某种严重事态使人十分害怕或震惊;形容事态极其严重。

而《现代汉语成语规范词典》的处理是:

【触目惊心】眼睛看到的使人感到震惊。形容事态极其严重。不要写作"怵目惊心"。

由于《现代汉语成语规范词典》使用的释语"不要写作"所沟通的是编者认为错误的或不规范的成语,包括像"画地为牢"的提示:不要写作"划地为牢";"明日黄花"的提示:不要写作"昨日黄花"⑧等情况,所以究竟编者认为"怵目惊心"是书写错误的呢,还是不规范,不好判断。但有一点是明确的,那就是"怵目惊心"是要废除的。

不同规模的语文词典和成语词典都会遇到如何处理同义成语和异形成语的问题,都不同程度地担负着分辨同义成语和异形成语的职责。词典编纂者要做深入细致的研究,不仅要从理论上澄清同义成语和异形成语,而且要对具体的条目做出正确判断,把对同义成语和异形成语的科学认识落实在具体条目的释义上。同义成语和异形成语的释义应沟通语际关系,并且采用内涵明晰的不同释语。

对于同义成语应根据是否完全同义区别对待。完全同义的等义成语,可设主副条,主条释义,提示"也说××××",副条不释义,直接提示"见××××"。用释语"也说"表明是语言的不同说法,而不是书写问题。例如:⑨

【胸有成竹】画竹子时心里有一幅竹子的形象（见于宋晁补之诗"与可画竹时，胸中有成竹"，与可是宋代画家文同的字）。比喻做事之前已经有通盘的考虑。也说成竹在胸。

　　【成竹在胸】见1530页〖胸有成竹〗。

　　【光明正大】形容襟怀坦白，行为正派。也说正大光明。

　　【正大光明】见509页〖光明正大〗。

应该注意的是，主条应选择使用频率高，通用性强，尽可能接近语源的条目。副条虽不及主条使用频率高，通用性强，但也应有一定的使用频率和通用性，是规范的、语言性的单位，而不是临时的、言语性的、甚至是欠规范的单位。比如，查询北京大学CCL语料库，在现代汉语语料库中"千山万水"的使用频率是185，"万水千山"的使用频率是132，"千水万山"的使用频率是1，"万山千水"的使用频率是0；在古代汉语语料库中"千山万水"的使用频率是89，"万水千山"的使用频率是56，"千水万山"的使用频率是0，"万山千水"的使用频率是2。在《现代汉语常用词表（草案）》中，"千山万水"的频序号是27954，"万水千山"的频序号是30653。那么，考虑到"千山万水"和"万水千山"的使用频率都比较高，词典都应该收录，而"千水万山"和"万山千水"使用频率都很低，均不得入典。再考虑到"千山万水"的使用频率比"万水千山"高，"千……万……"又是能产的语模，可选择"千山万水"做主条，"万水千山"做副条。[20]

　　意义不完全相同的近义成语应分别出条，单独释义。目前的成语词典和普通语文词典大都是这样做的，但很少在释义中沟通近义关系。例如：

　　【暴风骤雨】来势急遽而猛烈的风雨，比喻声势浩大、发展迅猛的群众运动。

【急风暴雨】急剧而猛烈的风雨,多用来形容声势浩大的革命运动。

【前赴后继】前面的人上去,后面的人就跟上去,形容奋勇前进,连续不断。

【前仆后继】前面的人倒下了,后面的人继续跟上去,形容英勇奋斗,不怕牺牲。

为便于人们分辨近义成语,准确选择使用,词典(特别是学习型词典)也可用"参""参看"等术语沟通近义关系。如"【前赴后继】……参〖前仆后继〗",或"【前赴后继】……参看〖前仆后继〗"。

对于异形成语,有明确规范的,取规范语形做主条,说明"不要写作××××",非规范语形不出条。用释语"不要写作"表明是书写问题,而不是语言上的不同说法,同时表明书写上的取舍。例如:

【信口开河】不经思索,不负责任地随口乱说。不要写作"信口开合"。(《现代汉语规范词典》)

目前只有《第一批异形词整理表》中整理的异形成语有明确的规范,可以参考。该表共整理异形成语30组,具体如下(前者是规范语形):

百废俱兴——百废具兴　毕恭毕敬——必恭必敬　出谋划策——出谋画策

发人深省——发人深醒　丰富多彩——丰富多采　负隅顽抗——负嵎顽抗

孤苦伶仃——孤苦零丁　骨瘦如柴——骨瘦如豺　归根结底——归根结柢

鬼哭狼嚎——鬼哭狼嗥　浑水摸鱼——混水摸鱼　骄奢淫逸——骄奢淫佚

摩拳擦掌——磨拳擦掌　盘根错节——蟠根错节　披星戴月——披星带月

杀一儆百——杀一警百　铤而走险——挺而走险　乌七八糟——污七八糟

无动于衷——无动于中　五彩缤纷——五采缤纷　五劳七伤——五痨七伤

小题大做——小题大作　信口开河——信口开合　秀外慧中——秀外惠中

一锤定音——一槌定音　义无反顾——义无返顾　再接再厉——再接再励

指手画脚——指手划脚　原原本本——源源本本、元元本本

直截了当——直捷了当、直接了当

对暂时还没有明确规范,但使用频率有着明显差距的异形成语,说明它们在书写上有一定的取舍倾向,则选择使用频率高、通用性强的为主条,主条释义,说明"也作××××";选择使用频率较低、通用性较弱,但有一定使用频率和通用度的为副条,不释义,直接说明"通常写作××××"或"一般写作××××"。用释语"也作""通常写作"或"一般写作"仍表明是书写问题,而不是语言上的不同说法,同时表明书写上的取舍倾向。例如:

【夫唱妇随】比喻夫妻相互配合,行动一致。也指夫妻和睦。也作夫倡妇随。(《现代汉语词典》)

【夫倡妇随】现在一般写作"夫唱妇随"。(《现代汉语规范

词典》)

有的成语既有同义成语,又有异形成语,在释义中就要区别对待。例如:

【宽宏大量】形容人度量大。也作宽洪大量。也说宽宏大度。

又如,"博闻强识"跟"博闻强记"是同义关系,跟"博闻强志"是异形关系。像《现代汉语成语规范词典》的如下处理,就混淆了同义成语跟异形成语的界限与区别。

【博闻强记】广泛地学习,努力牢记所学知识。

【博闻强志】通常写作"博闻强记"。

【博闻强识】通常写作"博闻强记"。

四　结语

同义成语和异形成语都是汉语成语中客观存在的类别,二者虽有相似性,但有着根本的区别。同义成语是语言中的不同说法,异形成语是同一个成语的不同写法,前者是语言问题,后者是书写问题。科学区分同义成语和异形成语不仅具有理论意义,而且对词典编纂等实践操作具有指导作用。同时词典编纂者也应强化对二者的区别意识,在沟通语际关系时采用不同的处理方式,推动同义成语和异形成语研究走向深入。

附注:
① 引例均选自北京大学 CCL 语料库(网络版)。
② 李守田.异体成语及其常见的类型.汉语学习,1984 年第 3 期。
③ 薛从军,陈德荣.异形成语浅析.语文建设,1992 年第 6 期。
④ 王薇,张原.《现代汉语词典》中四字格异形成语分析.河北经贸大学

学报（综合版），2007年第1期。

⑤"同一异形成语"的概念见刘超班《论汉语同一异形成语》，武汉教育学院学报（哲学社会科学版），1988年第1期。引文见刘超班《异形同义成语的特点、形成及类型》，长沙水电师院学报（社会科学版），1991年第3期。

⑥ 聂言之.通用成语与异体成语.江西师范大学学报（哲学社会科学版），1992年第2期。

⑦ 段益民.论通用·异体成语的优选机制.徐州师范大学学报（哲学社会科学版），2007年第4期。

⑧ 李行健主编《现代汉语成语规范词典》，长春出版社，2006年2月第3版，"凡例"第5页。

⑨ 本文引用词典的例子，没有注明出处的，均引自《现代汉语词典》，北京：商务印书馆，2005年6月第5版。

⑩《现代汉语词典》收"万水千山"，未收"千山万水"，但在"千…万…"条的举例中有"千山万水"，括注为"形容道路遥远而险阻"，与"万水千山"的释义"很多的山和水，形容路途遥远险阻"相同。《应用汉语词典》以"万水千山"为主条，释义中提示"也说千山万水"，但"千山万水"未出条。《现代汉语规范词典》"万水千山"和"千山万水"均以主条形式出现，"万水千山"释义为"形容路途遥远而艰险"，"千山万水"以"万水千山"释义。《现代汉语成语规范词典》以"万水千山"为主条，释义为"比喻路途艰险而遥远"，以"千山万水"为副条，提示"通常写作'万水千山'"。

参考文献：

[1] 何文才.成语的语序变化[J].汉语学习，1983(3).

[2] 李行健主编.现代汉语成语规范词典（第3版）[K].长春：长春出版社，2006.

[3] 李行健主编.现代汉语规范词典[K].北京：外语教学与研究出版社、语文出版社，2004.

[4] 李宇明.词语模[A].邢福义主编.汉语语法特点面面观[C].北京：语言文化大学出版社，1999.

[5] 卢　磊.论异体成语的类型和产生的原因[J].长江大学学报（社会科学版），2006(2).

[6] 倪宝元,姚鹏慈.等义成语四题[J].中国语文,1995(1).
[7] 钱　伟.同素异序成语[J].青岛大学师范学院学报,2001(2).
[8] 商务印书馆辞书研究中心.应用汉语词典[K].北京:商务印书馆,2000.
[9] 异形词研究课题组.第一批异形词整理表说明[M].北京:语文出版社,2002.
[10] 中国社会科学院语言研究所词典编辑室.现代汉语词典(第5版)[K].北京:商务印书馆,2005.
[11] 周阿根.辞书编纂中异形成语的处理与思考[J].编辑之友,2007(6).
[12] 周　荐.《现代汉语词典》中的待嵌格式[J].中国语文,2001(6).
[13]《现代汉语常用词表》课题组.现代汉语常用词表(草案)[K].北京:商务印书馆,2008.

(作者单位:中国海洋大学文学与新闻传播学院　青岛　266100)

试谈韵律与成语结构、意义的关系
——兼谈成语的"词化"问题

白　云

一　汉语句子的韵律形式与成语结构的形成

汉语讲究音节韵律的和谐、平衡,两个音节组成一个音步,两个音步就构成了和谐的韵律,就可以构成一个基本的句子。四字句由两个音步构成,符合汉语韵律和谐的要求,是汉语句子的基本格式[①]。吕叔湘先生在20世纪60年代就指出:"在上古,四言句主要用于诗。汉魏以后,诗由四言延长为五言,可是差不多同时,四言句却在无韵之文里大大地盛行起来,不但是文学作品如此,应用文,甚至像佛经的译文,也都受到它的影响。直到唐宋古文运动胜利之后,四言句才失去它在成篇文章里的统治地位。"汉语音节的韵律形式对汉语构词产生了深刻的影响。它是汉语逐渐双音化的动因之一。冯胜利说,韵律词是由音步决定的,汉语中标准韵律词由一个音步——即两个音节构成,标准韵律词与标准韵律词组合成复合韵律词,才堪为"最佳选择"。成语是汉语长期历史发展当中逐步形成的意蕴深厚、表达精练的词汇单位。其结构形式受到汉语音节韵律形式的影响,多为四字格式,如:

(1)[好问则裕]勤于向别人请教,学识就会丰富……(《中国成语大词典》,王涛等编纂,上海辞书出版社,2007,949页)

(2)［不欢而散］很不愉快地分手……(同上,94页)

(3)［无所不为］什么事都干得出,含贬义……(同上,1366页)

(4)［拔本塞源］本:树根。源:水源。拔起树根,塞住水源。比喻丢弃和毁灭根本。(同上,16页)

(5)［首丘夙愿］首:头向着。丘:土丘。夙愿:一作"宿愿"。久已怀着的愿望。……因以比喻久有怀念故乡或归葬故土的心愿。(同上,1162页)

(6)［乐不思蜀］……后用以比喻乐而忘返或乐而忘本。……(同上,717页)

例(1)、例(2)中通过增加抽象性虚词"则""而"补足音节,达到韵律的和谐;例(3)在"所不为"前加一个否定副词"无",构成一个四字结构;例(4)、例(5)中两个音步构成一个完整的四字格式;例(6)来源于《三国志·蜀书·后主禅传》裴松之注引《汉晋春秋》:"司马文王与禅宴,为之作故蜀技,旁人皆为之感怆,而禅喜笑自若……他日,王问禅曰:'颇思蜀否?'禅曰:'此间乐,不思蜀。'"其中"此间乐""不思蜀"均为三音节句子,不符合汉语音节的韵律形式,因而截取后四个字构成一个四字结构,这样就构成了和谐的韵律。

成语结构的四字格式既然符合汉语音节的韵律和谐,那么其韵律的基本构成方式必然是两个"双音模块"的组合,即2＋2。上述六例中前2与后2之间都可以分为两段:

好问＋则裕　　不欢＋而散

无所＋不为　　拔本＋塞源

首丘＋夙愿　　乐不＋思蜀

我们还可以再补充一些例子:风僝＋雨僽、兵不＋厌诈、不刊＋

之论、逢场＋作戏、百无＋一失、按图＋索骥、不识＋好歹、从谏＋如流、俯拾＋青紫、干戈＋载戢、载歌＋且舞……

这里的前后两段不一定都能构成一个独立的句法单位,但二者相互依赖,缺一不可,2＋2是一个整体单位。这就是"四字一体"的韵律模式。

二　成语韵律与句法结构、意义的关系

内容第一,形式第二,也就是说形式要服从内容,这是事物存在的一般规律,也是成语运用的基本规律。但是我们发现成语的形式(韵律)与内容(结构关系、意义)之间的关系发生了扭曲。

2.1　韵律与句法结构关系之间的不对称

为了符合成语"四字一体"的2＋2韵律模式,人们或者采用增删抽象性的虚成分的方法,或者将较长的词句紧缩,或者同义连用,或者保留主要词语等,用多种方式构成复合韵律词,其句法结构关系直接满足韵律的要求。但我们发现有的成语句法上不能分析为2＋2的韵律模式,形成了韵律与句法结构关系之间的不对称。如以下用例:

a. [[1＋1]＋2]

(7)[兵不厌诈]厌:满足。作战时允许尽量多地使用欺诈的战术。……(同上,74页)

(8)[败不旋踵]旋踵:转动一下脚跟,形容时间短……(同上,556页)

b. [[2＋1]＋1]

(9)[当局者迷]……谓身当其事者反而糊涂。……(同上,245页)

(10)[从风而靡]靡:倒下。草本随风而倒伏。❶比喻折服于某种势力……❷形容没有独立的见解和主张,随波逐流……❸比喻崇高的德行威望使人们景仰纷纷服从。(同上,209页)

c.[2+[1]+[1]]

(11)[一席之地]比喻极小的一块地方……(同上,1560页)

(12)[不刊之论]谓不可改变的言论……(同上,98页)

d.[1+[2+1]]

(13)[一衣带水]原形容河流狭窄,仅像一条衣带那样宽。后比喻仅隔一水,极其邻近。(同上,1320页)

如果按句法分析,以上诸例都不是2+2的结构,但它们的韵律模式无一例外地落入2+2型节律,其重音格式为:[X1X2]或[1XX2]。它们放弃了句法结构的节律与重音,而改从复合韵律词的节律与重音模式,从而造成韵律与句法关系"扭曲"的结果。这个结果说明这些成语正在"词化"。

2.2 韵律与成语意义之间的不对称

追求韵律和谐而打破成语中原有的句法关系,势必会影响对成语语义的理解,导致因结构关系的"扭曲"而产生的对语义的误解。如以下例子:

[白璧青蝇]白璧:洁白的玉,比喻清白的人。青蝇:一种苍蝇,比喻佞人。……因以"白璧青蝇"比喻善恶忠佞。(《中国成语大词典》,17页)

《诗经·小雅·青蝇》:"营营青蝇,止于樊,岂弟君子,无信谗言。"以后诗文就以"青蝇"比喻好进谗言、诬陷忠良的奸佞小人。封建时代屡屡发生忠良遭到污蔑陷害的事,因此产生"青蝇染白""青蝇点素""青蝇点玉"三个成语。三国魏·丁仪《厉志赋》:"疾青蝇之染白,悲小弁之靡托。"南朝宋·范晔《后汉书·杨震传》:"而青蝇点素,同兹在藩。"唐·年融《寄永平友人二首》:"青蝇点玉原非病,沧海遗珠世所嗟。"

可见,"白璧青蝇"是由"青蝇一相点,白璧遂成冤"脱胎出来,白璧点于青蝇,是说白璧被青蝇之粪弄脏,忠良遭到奸佞小人陷害。"白璧青蝇何足较"是说忠良遭到奸佞小人陷害,哪里值得计较?言外之意,奸佞小人造谣污蔑,并无损于忠良之士的高尚品质。所以,如按编者的注释,这句话就讲不通了。

可能有人提出质疑:"白璧青蝇"显系两个名词,注为"善恶忠佞"正是并列结构,这有什么问题?其实"白璧青蝇"并非并列结构,这是白璧点于青蝇的紧缩形式。成语往往要将较长的词句紧缩至四字格式,只能保留主要的词语,这种情况并不少见。"布衣蔬食"是指穿布衣,吃粗粮;"沧海桑田"是指大海变成桑田,桑田又变成大海;"华屋丘墟"是指华丽的殿堂变成荒土废墟;"布鼓雷门"是指持布鼓过雷门(《汉书·王尊传》"毋持布鼓过雷门");"铜驼荆棘"是指铜驼弃置于荆棘丛中(参看《晋书·索靖传》)。

以上各例,均是韵律与成语意义不相对称的例子。这要求我们在对成语释义时,一定要留意这些因追求韵律感的和谐而采用紧缩、增删语义的成语,避免因表面的形式而造成误解。

三 关于成语"词化"的问题

"词化"是指用词的组合来表达一个单词的语义或者一个单词的语法功能。语言中词的固定组合,都是词化后的产物。它们在语言中被经常使用,已经成为一种习惯的表达,有自己固定的形式和固定的意义,其作用相当于一个词。

成语作为由词和词组成的结构相对固定的语言单位,长期以来一直与惯用语、谚语、歇后语并列归入熟语之类。温端政先生在《汉语语汇学》中以叙述性作为语的基本特征将语从词中独立出来,从而确立了语的地位。但是我们在研究中发现有相当一部分的成语内部成分结合得相当紧密,正呈现出"词化"的趋势。如"不亦乐乎、总而言之、微乎其微"等。这些成语将各个语义成分"包合"在一起,在句法上作为一个不可分割的整体使用。

Packard提出了判断"词化"的两条标准:(1)复合词的构词语素是否还保留其原来意义或已经完全丧失了,是否引申出比喻隐喻意义;(2)构词成分中的相互语法关系是否在整个复合词中还存在。也就是说构词成分对复合词整体语义贡献越小,其句法结构在复合词中表现越少。

我们不难发现,成语在很大程度上满足上述的两条标准。首先,表现在意义上的词化。成语是特殊的固定词组,意义紧凑得像一个词。向光忠说"成语的实际内容,是高度融合的整体"。成语在语义上具有整体融合性,不是每个词义的简单相加。也就是说,成语中的每一个词,只是成语意义的有机组成部分,它们在成语中已经失掉了原来的独立意义。并且,我们知道,成语的意义多是通过比喻隐喻等修辞手法而得到的整体意义。如"白云苍狗"语出杜甫的《可叹》诗:"天上浮云似白衣,斯须改变如苍狗。"字面意义是天上的浮云像白色的衣服,一会儿就变得像黑色的狗。而实际意义是比喻世事的变幻无常。

其次,成语句法上的词化。成语的构成成员相对稳定,一般是固化的,不能用其他词语替代。成语的词序是固定的,内部结构极其凝固而不能随意插入和扩展。此外,从上文论述的韵律与成语句法结构的关系中我们可以得出:为了追求韵律的和谐,相当一部分成语的句法结构被打破。这种韵律与句法结构关系的不对称,一方面在我们正确理解和把握成语语义上造成了负面影响,如:"成人之善"读为[2+2],易误解为"成全他人的善心",其实际意义为"成全别人为善";但是,另一方面,这正说明了成语的"词化"。成语构成成分之间的语法关系可以因韵律节奏的和谐而被打破,这无疑说明构词成分的句法结构已在成语中表现得较少了。

成语的性质呈现出"词化"的趋势,其中有着深刻的内部外部因素。首先,成语尤其是来自古代文言系统的雅成语,结构和语义都相对稳固,代代相传,历久弥新。成语的这种传承性、稳固性无疑为成语"词化"奠定了基础。其次,成语中保留着大量的单音节古语词,这些单音成分在现代汉语中多为表同一意义的双音词所取代。如:茅塞顿开(顿时)/日薄西山(迫近)/赴汤蹈火(奔赴)/目不转睛(眼睛)……大量的单音节词已经变成了现代汉语双音节词的构词语素,这就使得成语中的构词成分不易脱离整体,使得它们与成语整体结合得更紧,更易"词化"。最后,我们在本文中提到的韵律对成语语义和结构的影响,打破了成语语义、句法上原有的关系,使得成语的各个构成成分不好再"显山露水",而浑然一体。

四 结论

2+2的韵律模式使得"四位一体"的成语读起来具有非常强的节奏感,而这也正体现了汉语语言的中正和平之美,体现了汉文化心理中对对称美的崇尚。

韵律与汉语成语的关系非常密切。一方面,成语为了追求复合韵律词的"最佳选择",牺牲了自身的句法关系和语义理解;另一方面,韵律这只"无形的手"又使得成语走向"词化"。韵律与成语句法和语义形成的不对称关系,影响了我们对成语的正确把握,在教学和词典释义等方面应当引起足够的重视。

附注:

① 冯胜利(2005)指出:韵律词是由音步决定的,汉语中由一个音步(两个音节)构成的韵律词是标准韵律词,而标准韵律词与标准韵律词的结合就是复合韵律词,是具有绝对权威性的形式。本文关于韵律词的论述参考了冯胜利《汉语的韵律、词法与句法》(北京大学出版社,2005年版)第二章第二节的内容。

参考文献:

[1] 吕叔湘.现代汉语单双音节问题初探[J].中国语文,1963(1).
[2] 温端政.汉语语汇学教程[M].北京:商务印书馆,2006.
[3] 向光忠.成语概说[M]. 武汉:湖北人民出版社,1982.
[4] Packard,J. L. (ed.) New Approaches to Chinese Word Formation:Morphology,Phonology and the Lexicon in Modern and Ancient Chinese[M]. Mouton de Gruyter. 1998.

(作者单位:山西大学文学院　太原　030006)

浅议惯用语的特点

史 秀 菊

惯用语是口语化较强、老百姓喜闻乐见的现成话,大部分来自民间,个别来自古代的典故。但是,惯用语到底有多少,什么样的现成话属于惯用语,历年来学术界并无统一的说法,众多学者都对惯用语的界定阐述了自己的观点。纵观多数学者的观点,结构的"基本定型"和语义的"整体化""口语色彩"几乎成为公论,而且大多数学者认为"比喻义""三字组"和"动宾结构"是惯用语的主要特点。学者们的这些论述,直接影响到《现代汉语词典》和高校《现代汉语》教材对惯用语的解释,例如《现代汉语词典》第5版对惯用语的解释是:

> 【惯用语】名熟语的一种,常以口语色彩较浓的固定词组表达一个完整的意思,多用其比喻意义,如"开夜车、扯后腿、卖关子"等。

黄伯荣、廖序东的《现代汉语》(高等教育出版社,2007)对惯用语的定义是:"惯用语是指口语中短小定型的习用的短语,大都是三字的动宾短语。"(269页)

北京大学中文系现代汉语教研室的《现代汉语》(商务印书馆,1997)认为:"惯用语是表达一种习惯含义的固定词组,以三个语素组成的居多。""大多是述宾结构的,中间可以插入词语,也可以颠

倒语素次序,但它所表达的习惯意义不受影响。"(251—252页)

邵敬敏《现代汉语》(上海教育出版社,2007)对惯用语的定义为:"惯用语是口语中形成的表达一种习惯含义的固定词组","以三个字的居多,其中又以动宾结构最为常见。"(143页)

邢福义《现代汉语》(高等教育出版社,1997)认为:"惯用语是口语中结构比较定型、意义有所引申的习用性短语","惯用语以三音节为主,四音节的也有一些,五个音节以上的是个别的。""多数是表示贬斥的感情色彩的……少数是中性的。"(232页)

《现代汉语词典》强调了惯用语的比喻义,虽然没有提及"三字"和"动宾",但所举例子都是三字组的动宾结构。《现代汉语》教材都强调惯用语多为"三字"的"动宾"结构,虽然没有强调其"比喻义",但所举例子则多为比喻义。例如北大教材所举例子:"戴高帽、穿小鞋、吃老本、背黑锅、抱粗腿、开后门",这些基本都是比喻义的惯用语。

张斌《现代汉语》(复旦大学出版社,2008)对惯用语的解释则与众不同:"惯用语是指人们口语中短小定型的习惯用语",有四个特点:**多样**——结构形式灵活多样,富于变化;**形象**——很少用抽象的字眼来描绘事物,说明道理,而是用比喻;**上口**——浅显易懂,具有鲜明的口语色彩;**灵活**——结构形式可以随着表达的需要而改变。(266—267页)

那么,惯用语的特点到底是什么?本文以温端政的《新华惯用语词典》(商务印书馆,2007)为依据,探讨惯用语的主体特点。

一 惯用语多用比喻修辞手法,但并非只用比喻手法

如前所述,很多学者都强调惯用语的比喻手法,我们通过对

《新华惯用语词典》的检索,发现并不是所有的惯用语都具有比喻义,有的惯用语用的是直白的现成话,即用白描的说法,例如:

  耳不聋,眼不花   敢怒不敢言
  高不成低不就   一人之下,万人之上

以上惯用语没有运用任何修辞手法,它们只不过是明白如话的现成话,这种现成话虽在惯用语中不占多数,但也不应被忽略。

  还有一些惯用语运用了别的修辞手法。例如:

运用夸张的:

  连眼皮都没合 连根汗毛也没伤着 愁断了肠子
  掉下个树叶也怕砸死 ……

运用借代的:

  背药罐子 抹脖子 磨嘴皮 为五斗米折腰
错认刘郎作阮郎 ……

运用比拟的:

  去个苍蝇,来个臭虫 牵着鼻子走 铁将军把门 ……

运用对比的:

  钱有磨盘大,胆比绿豆小 乘兴而来,败兴而返 热了新知,冷了旧好 ……

运用对偶的:

  海枯石头烂,猴笑柏叶落
  借你口中言,传我心内事
  家无隔宿之粮,灶无半星之火
  急急如漏网鱼,忙忙似丧家狗
  饿狼口里夺脆骨,乞儿碗底觅残羹
  ……

运用回环的：

　　心问口，口问心　　水帮鱼，鱼帮水　　……

运用顶针的：

　　口说曹操，曹操就到　　……

运用谐音的：

　　不蒸馒头也要蒸口气　　……

除此之外，陈光磊还提出，映衬、藏词、析字、双关、节缩等修辞手法也能造成惯用语（陈光磊《中国惯用语》，上海文化出版社，1991）。

所以，说惯用语的语义都是比喻义并不准确。

但是惯用语中最多的还是比喻义，这一点不容置疑。我们随机抽取《新华惯用语词典》的"打"字组成的惯用语，例如：

　　析字：打八刀……

　　白描：打白赖耍赖、打保票承诺、打杠子、打官话官腔、打交道、打平和、打平手、打照面儿、打的愿打，挨的愿挨……

　　借代：打草稿、打皮科儿、打偏手、打秋风、打问号、打牙祭、打野火儿、打大头脑权贵、打头不应脑、打到鼓来锣不响，顾到长来丢了短头绪多……

　　比喻：打边鼓、打补丁、打冲锋、打棍子、打拦头雷、打落水狗、打马虎眼、打翻了醋罐、打开话匣子、打如意算盘、打鸭子上架、打倒金刚赖到佛、打一巴掌揉三揉、打的丫鬟，吓的小姐、打了梅香，丑了姑娘……

　　局部比喻：打关节、打光棍儿、打和鼓、打靶子、打成一锅粥、打开板壁讲亮话……

以"打"字开头的惯用语共 90 条,我们做了一个初步分类,其中析字一条("打八刀"——"八刀"即"分");基本上算是直白,没有用修辞手法的共 9 条;借代 15 条,其余应该都是比喻,占 72%。多数具有比喻义的惯用语都是整体比喻,有少数属于局部比喻,例如"打成一锅粥"只有"一锅粥"属于比喻,"打开板壁讲亮话"也是只有"板壁"属于比喻。

所以说大多数惯用语是用比喻修辞手法构成的现成话应该能够成立,但不能说惯用语都是用比喻修辞手法构成的。

另外,惯用语多有感情色彩,而且多为贬义,少数是中性的,极少褒义。以上除了"打歼灭战""打擦边球""打头炮"等少数中性意义外,大多数惯用语的感情色彩是贬义的。

二 惯用语字数并非主要为"三字"组

翻阅《新华惯用语词典》,我们发现大部分惯用语都不是三字组,这与大多数教材上说的惯用语有很大出入。

三字组多出现在以行为动作动词开头的惯用语中,但即使这样,也不能说绝大多数惯用语都是三字组,例如上面以"打"字开头的惯用语中,三字组算是比较多的,90 条中有 50 条是三字组,占 55%,这包括尾字是儿化韵的,如"打水漂儿",但还有 45% 即 40 条不是三字组,其中 19 个是四字组的,其余是五字或五字以上的,甚至还有复句或复句的紧缩句,例如"打了骡子马受惊""打的丫鬟,吓的小姐"等。其他行为动作动词开头的惯用语中三字的更少,例如以"吃"开头的 69 条惯用语中,三字的只有 18 条,约占 26%。

如果开头不是行为动作动词,三字组就更少,例如以数词"一"

开头的惯用语中,129条中只有9条是三字的,不到7%;以否定副词"不"开头的惯用语中,43条中只有7条是三字的,约占16.2%;以名词、形容词开头的惯用语从总量上看不少,但具体到每类都只有十几条甚至几条,其中的三字组更少。

经统计,《新华惯用语词典》的4500条惯用语中,三字组共694条,占所收惯用语总数的15.4%。

所以说惯用语都是三字组,或多是三字组的说法是不准确的。

三 惯用语的结构并非主要为"动宾"关系

如前所述,多数教材认为惯用语多为动宾关系。事实上,动宾关系在惯用语中所占比例很小。因为惯用语中以名词性、形容词性词语为中心的组合很多,动词性词语开头的惯用语只是其中的一部分,而且并不是所有动词开头的惯用语都是动宾关系,因为其中还有很多中补关系。名词性(包括数词、量词、代词)和形容词性词语为中心的惯用语一般都不是动宾关系,更多的是主谓关系、偏正关系(定中关系或状中关系)、联合关系和中补关系等。如上面提到的以"一"开头的129条惯用语就都不是动宾关系。我们对《新华惯用语词典》4500条惯用语做了一个粗略统计,动宾关系的惯用语只有773条,约占所收惯用语总数的17.2%,因此说惯用语多为动宾关系并不准确。

各类结构关系的惯用语举例如下:

偏正关系:

定中:挡箭牌　半瓶醋　挡风墙　生就的骨头　没笼头的马　锯了嘴的葫芦

状中:连根拔　往上爬　连轴转　拿大帽子扣人

为五斗米折腰　往伤口上撒盐　往火坑里跳

为朋友两肋插刀　在人家手心里攥着

主谓(+宾/补)关系：耳朵长　耳朵软　窝里反　硬碰硬　刘备借荆州　秋风扫落叶　天上掉馅饼　小米加步枪　平地一声雷　老子天下第一

动宾关系：撂挑子　亮红灯　乱弹琴　打落水狗　钻故纸堆　借台阶下　唱独角戏　煮夹生饭　戳穿西洋镜　愁海龙王没宝　磨了半截舌头　扳着一个大鱼头

述补关系：吃不饱　吃不开　碰得头破血流　摔到东洋大海里　吊死在一棵树上　丢在九霄云外　站在十字路口　气得五官都挪了位

联合关系：人生地不熟　七嘴八舌头　镜里烧饼水中月　风里来雨里去　风里言风里语　仨核桃俩枣

兼语关系：错认刘郎作阮郎　打鸭子上架　逼着哑巴说话　硬逼公鸡下蛋　让人当枪使　让猫看肉，让獾守田

连谓关系：三顾茅庐请诸葛　翻脸不认人　搬起石头砸自己的脚　睡在树下等枣子　缩着脖子挨刀　撒泡溺儿自照　骑上毛驴找毛驴　伸着脖子等死　围着锅台转

紧缩复句：十步九回头　你方唱罢我登场　人嫌狗不待见　一拍头顶脚底板动弹　牛不吃水强按头　嘴硬骨头酥　过了河就拆桥　有百害而无一利

复句关系：一不沾亲，二不带故　神不知，鬼不觉　笼中鸟，网中鱼　眼中钉，肉中刺

偷鸡不成,反折了一把米　路见不平,拔刀相助

我们发现,《新华惯用语词典》中,动宾关系多集中在三字组和四字组,最多的是三字组,五字组动宾关系很少,五字以上的动宾关系就更少了。相反,五字以上的惯用语多为连谓关系、紧缩复句和复句关系,因此惯用语中,结构为连谓关系、紧缩复句和复句关系的很多。

四　余论

以上我们主要从是否比喻、是否三字组、是否动宾结构三方面对《新华惯用语词典》中的惯用语进行考察,发现惯用语多数是用比喻的修辞手法,但并非多数为三字组和动宾结构关系。这样就存在一个问题:《新华惯用语词典》收录惯用语的标准是什么?这个标准是否可行?我们看到,这部词典的主编,也是语汇学的创始人温端政先生对惯用语的认识是:在结构方面,惯用语"非二二相承","结构相对固定";在语义方面,具有"描绘性""抽象性"和"惯用性"以及意义的整体性:"惯用语的字面意义只是它的语源意义,一旦成为惯用语之后,字面意义就不起作用,抽象性的虚指或泛指义才是它的实际意义。"我们基本同意温先生的观点,因为如果按照"三字组"和"动宾结构"两条原则,惯用语的数量就会很少,会把很多口语色彩很浓,具有惯用性、意义整体性的现成话挡在惯用语之外,而这些现成话又是什么?这就需要重新给它们分类,比如可以叫"俗语",但俗语与惯用语,与谚语、歇后语这些口语色彩很浓的现成话之间到底有什么区别,又成为学界纠结的另一个问题,因为这些都是来自民间比较俗的语汇。所以把具有"描绘性""惯用性""非二二相承"的现成话都归为惯用语不失为一种好办法。

我们看到,吴建生先生在温端政先生观点的基础上,明确提出了界定惯用语不受"三字格"限制的原则,而且提出了"叙述性"是首要标准[①],我们认为这是一个具有创新性的标准。那么"叙述性"和温先生的"描绘性"又该如何统一？我们认为,"用描绘的方法叙述"也许是惯用语乃至所有"语"的共同特点。

总之,我们同意温端政先生和吴建生先生对惯用语的界定,也赞成张斌《现代汉语》对惯用语特点的概括(多样、形象、上口、灵活)。怎样更准确地界定惯用语,找出惯用语最本质的特点,相信随着研究的深入,学界最终会达成一致。

不过《新华惯用语词典》仍有一些值得商榷之处,这就是我们认为一些条目不应该出现在惯用语词典中。如上所述,意义的整体性和惯用性是惯用语的特点,也应该是用来界定惯用语的标准,但是我们在《新华惯用语词典》中看到"一张嘴就带脏字""做到哪里算哪里""上无父母,下无妻子儿女""老的老,小的小""没意思"等条目,觉得不像惯用语,因为这些条目的意思都是其字面意思,没有超出字面意义的"抽象义"和"泛指义",另外还有类似"左右是左右"等条目,因为缺乏"惯用性",也不应该列入惯用语之列。当然,瑕不掩瑜,《新华惯用语词典》从总体上说还是既科学又实用的惯用语词典。

附注:
　　① 参见吴建生《惯用语的界定及惯用语词典的收目》一文的综述,载《语文研究》,2007年第4期。

参考文献：

[1] 温端政.汉语语汇学[M].北京:商务印书馆,2005.
[2] 吴建生.再论惯用语的界定及惯用语类工具书的立目——以《新华语典》惯用语选条为例[J].山西大学学报(哲学社会科学版),2010(2).

(作者单位:山西大学文学院　太原　030006)

言说类谚语的内在连贯性研究

——以"一言既出,驷马难追"为例

延俊荣

题记:语言研究的对象不是预先设定的,而是根据观点建构的。

——索绪尔

引 言

"一言既出,驷马难追"指一句话说出口,套上四匹马拉的车也难以追上。指说话必须谨慎,否则会后悔(《中国谚语大辞典》,上海辞书出版社,2011)。相类似的谚语还有"君子一言,快马一鞭""一言既出,如白染皂""一言出口,板上钉钉"等。而"一诺千金""一言九鼎"等成语也大致具有相同的言语功能,正如黄卫平在"百家讲坛·诚信是金"中所言,它们"都是一些反映古人重诺言、重信用胜于一切的名言"。

语言是一个符号系统,目前的研究也证实了这一观点,但主要集中在语音系统和语法系统之内。虽然普通语言学教程或具体语言学教程也都会提到词汇的系统性,用所谓的同义、反义、上下义等聚合来说明,但却更多地停留在一种假说之上。这一方面由于词汇呈开放性,另一方面也由于符号的价值或者说词汇的价值会因组合或聚合的变化而呈现变动性,如"一言既出,驷马难追"。

索绪尔指出,"语言研究的对象是建构的",故本文引进连贯性概念,即"口头或书面语言底层的功能联系或一致性",将研究对象集中在温端政先生主编的《中国谚语大全》(上海辞书出版社,2004)所收集的言说类谚语上,以"一言既出,驷马难追"为切入点,探讨言说类谚语的内在连贯性。旨在为谚语研究开辟一个新的视角,也为词汇系统性的讨论做一点尝试,同时也是对言语行为理论应用于汉语研究的一个检验。

一 言不仅用于"指",更用于"行"

语言是一个符号系统,而符号由所指(signified)和能指(signifier)构成。因此,在结构主义语言学系统中,语言符号一般被认为是用来指称的,即语言通过形式即能指代表它所表达的意义即所指。很显然,这种理论建构是在区分语言和言语、共时和历时等的基础上进行的,因为语言学被认为是"研究语言结构规律的科学"。

但语言和言语是一体两面,语言并非生存在真空中,它首先是被使用的,而不是被研究的。故语言并不仅仅被用来"指",更用于"行"。如:

(1)……见面后须达多开门见山地说,为了要请佛到我国来弘法利生,想买你的花园,建造讲堂,请佛说法。祇陀太子知道须达多是个大富长者,半开玩笑地说:"长者,你是我国最富有的人,听说你家黄金很多,你如果能够用金砖将我这个花园统统铺满,我就将花园给你!"

给孤独长者听到此话马上赶回家去,把金库打开,一车又一车地将金砖运到花园,并派了许多工匠,很快就把金砖铺满了整个花园。祇陀太子看了大吃一惊,马上对须达多说:"长者,我刚才是对你随便说句开玩笑的话,不能当真。这个花园是我赏心悦目的地方,我绝对不可能卖给你。"

给孤独长者正色厉声的说:"太子,你是一个男子汉大丈夫,今日的太子,就是未来的国王,君无戏言。一言既出,驷马难追。现在我已经把金砖铺满了整个花园,这花园当然是属于我的。"

太子在这不得已的情况下说:"长者,你既然如此,你我二人共同请佛说法好吗?"

长者说:"是我用金砖铺地,怎么能说与你合作。"

太子又说:"长者金砖铺满之处,是花园的土地,可是园里很多合抱的大树,树根周围是金砖铺不到的地方,那应该属于我的。所以说,长者,你还是与我共同请佛说法,岂不是更好么?"

须达多这时只好同意合作,所以把这个花园叫做祇树给孤独园。

例(1)中"你如果能够用金砖将我这个花园统统铺满,我就将花园给你",并不仅仅是语言学研究中所分析的一个条件复句,或者说是一个个符号所指称的概念集合。更为重要的是,它不仅仅是"不能当真"的"随便说"的"开玩笑的话",而是一个承诺,是需要付诸行动的,即承担"将花园给你"的责任。

交际双方中的说话人所说出的一串符号之所以要兑现为行为,是因为这一串符号实际上是"一种信递行为(发话言行)",至少包括"说出行为""命题行为"和"以言行事行为"三个部分。

"说出行为"是指说出一些词或语句,即通过发音器官而产生一些语音现象;"命题行为"是指通过这些词或语句对某些事物进行指称和断定;而"以言行事行为"是通过命题表示陈述、提问、允许等意思,也可以对听说双方的行为、信念、感情等产生一种特定效果。也就是说,"说出行为"是物质外壳,大致相当于"能指";"命题行为"是物质外壳所承载的意义或概念,大致相当于"所指";而正是在二者基础之上,语言的"指"实现为人们的"行"。或者说,"命题行为"是"说出行为"开出的花朵,而"以言行事行为"则是结出的果实。

"花朵"是"果实"的前提,因此"命题行为"和"以言行事行为"有相统一的一面,例(1)"祇树给孤独园"的产生就是"命题行为"和"以言行事行为"相统一的结果。再如:

(2)一言已定,千金不移/一言已定,千古不移/一言既出,如白染皂/一言出口,板上钉钉

(3)一语值千金/君子无戏言/人前一句话,神前一炉香/说出去的话,泼出去的水

但"花朵"并不一定能结出果实,即"命题行为"和"以言行事行为"相分裂,如例(1)中"不能当真"的"玩笑话"。再如:

(4)说时只一句,做时不容易/说千道万,不如一干/说得一丈,不如行取一尺;说得一尺,不如行取一寸/漂亮话好说,漂亮事难做

例(2)和(3)中的谚语仅仅突出了"命题"的价值如"一语值千金",和"命题"的不可更改如"如白染皂"等。而例(4)通过"命题"和"行"的对立,更加突出了"行"的艰难或"行"的重要性。

二 语言用于"行"是以合作为前提的

语言用于"行"是在交流的基础上产生的,而一次成功的交谈

是参加交谈的双方共同努力的结果。换言之,要使交谈成功,参加的人必须有一个共同的目标或者双方都接受的大方向。而为达到这一目标,交谈双方存在着一种默契、一种双方都应该遵守的原则,美国哲学家格莱斯称之为合作原则。

而所谓的双方都应该遵守合作原则,是指不仅说话人要遵守合作原则,而且听话人总是以为说话人是遵守合作原则的。正如例(1)所示,当"祇陀太子"说"你如果能够用金砖将我这个花园统统铺满,我就将花园给你!"时,"须达多"不仅自己遵守合作原则,而且他也认为说话人是遵守合作原则的,因此他"马上赶回家去,把金库打开,一车又一车地将金砖运到花园,并派了许多工匠,很快就把金砖铺满了整个花园"。

那么给孤独长者认为祇陀太子都应该遵守一些什么原则呢?

1. **质准则**

质准则是指话语内容的真实性,即话语所陈述的内容应该真实,有根据,而不是不符合事实或凭空捏造的谎言。以下谚语所突出的正是这一点。如:

(5)真/实话好说,谎话难编

(6)说谎不瞒当乡人

(7)说谎单怕三抵面

(8)一言不实,百事皆虚

(9)一句妄(非)言,折尽平生之福

这些谚语有的从正面说明要讲"真话"或"实话",如例(5)—(7),也有的从反面劝告说谎话的后果,如例(8)和(9)。总之,讲话要真实有根据。

2. 量准则

如果说话语的真实性是从质上说的,是指言语所陈述的是真实的,那么话语的量则是从言语的数量而言的,也就是说,尽量用恰如其分的语言形式来表达所要表达的内容,既不要过多,也不要过少,如:

(10)有话则长,无话则短

(11)话少是贵人

(12)有理不在言多

(13)牙齿当金使

(14)言可省时休便说

(15)逢人且说三分话,未可全抛一片心

(16)话不可说尽,恶不可作尽

(17)话说三遍淡如水

(18)多言众所忌

无论是陈述事实还是表达思想,较之实物或手势等传播方式,语言是最为直接有效的方法。而要精确表达,一定的形式承载一定的意义,一定的意义由一定的形式来承载,从而实现语言形式和意义的一一对应。因此,交际中最合适的便是例(10)"有话则长,无话则短"所提示的。语言形式和语言意义一一对应是语言表达精确性所要求的理想状态,但受人类记忆容量的限制,必须对语言形式和语言意义一一对应的情况进行调整。从所收集的语料来看,中国人更多地倾向于以更少的形式来表达意义,即"沉默是金"。例(11)(12)便是其理由:"话少是贵人",而正常人都是向往"贵"而鄙视"贱"的;从事理角度看,"有理不在言多"。例(13)—(16)是讲如何做到这一点,如"牙齿当金使",而例(17)(18)则从反面说明不守量准则所导致的后果。

3. 方式准则

受语言交际精确性的要求,人们总是希望一种形式表达一种意思,但受人类记忆容量等的限制,语言做的调整是一种形式表达多种意思。但人类交际是有意图性(intentionality)的,更要受到面子等因素的制约,要实现成功的交际,还须遵守方式准则。方式准则既有语言本身的,也有言语活动参与者及活动的时间、场合等方面的。

从言语本身来说,要清楚明了,如:

(19)真佛只说家常话

(20)有话摆在明处/在桌面上

(21)有药敷在疼处,有话说在明处

避免晦涩歧义,如:

(22)巧言不如直道

(23)痴人前不得说梦

要简洁而有条理,如:

(24)话粗理不糙

(25)话从两面说

(26)顺着好吃,横着难咽

从言语发生的过程来看,既要注意接受者的身份,如:

(27)真人面前莫说假,假人面前莫说真/愁人莫向愁人说,说与愁人转转愁

也要注意说话人的身份,如:

(28)出家人莫说在家话/交浅不言深/近人不说远话

还要注意说话的时机或场合,如:

(29)说话不要气上顶/话不投机半句多/舌头是扁的,说话是圆的

甚至是说话时的声气语调,如:

(30)行须缓步,语要低声

4. 关联性准则

前面说过,一个成功的交际往往是预先有一个大方向的,即预先设定一个共同的话题。言语的关联性主要是指所说的话要跟该话题相关,而不说与话题无关、不着边际的话。如:

(31)说话想着说,吃饭尝着吃

(32)同心之言,其臭如兰

(33)有苗留在垄上,有话说在理上

(34)到什么地方说什么话,到什么山上唱什么歌

例(1)显示,给孤独长者与祇陀太子的会话是遵守合作原则的,但为什么祇陀太子却可以说出"长者,我刚才是对你随便说句开玩笑的话,不能当真……"这种出尔反尔的话来呢?

三 言语交流的规则是构成性的

语言交流是一种受规则制约的社会行为,但实施言语行为的规则并不同于法律规则或礼仪规则。这是因为制约实施言语行为的规则是构成性的(constitutive rules),而不是调节性的(regulative rules)。

所谓调节性规则是使正常的活动得以实现的规则,如交通规则。而所谓构成性规则是创造或构成活动本身的规则,如中国象棋的"马走日""相走田"等规则。

"以言行事行为"所应遵守的规则正是构成性规则。美国的哲

学语言学家约翰·舍尔(Searle)曾为"许诺"制定了具体的规则。他认为要实施这一行为,需要满足一定的条件或者说要遵守一定的规则。可归纳为四类条件:

命题内容条件,即说话人言及一个他自己将要去做的动作;

准备条件,即说话人相信他所要做的事情是符合听话人的利益的,但这件事并非是他经常所做的;

诚意条件,即说话人意欲做这一动作;

根本条件,即说话人承担起做某一件事的义务。

返回来看例(1),祇陀太子虽然符合了"命题内容条件",即说出一个他自己将要去做的动作"将花园给你!","准备条件"即"将花园给你"是符合听话人的利益的,但并非是他经常所做的,这可以从下面"这个花园是我赏心悦目的地方,我绝对不可能卖给你"得到支持和验证,和"诚意条件"即他"意欲"做这一动作,这可以从他所提出的条件得到验证,但似乎缺乏"根本条件",即"他不准备承担起做一件事的义务",因为他又用"不能当真"进行了否认。

而给孤独长者须达多却是遵守合作原则、也相信太子会遵守合作原则的。因此,他用"一言既出,驷马难追"重申了"许诺"应遵守的规则,也进一步强调了许诺的根本条件。因为尽管"说着容易做起来难",但如果只说不做,其结果必然是"此去好凭三寸舌,再来不值一文钱"。

当然"许诺"并不是语言可实施的唯一的"以言行事行为"。例(1)的须达多之所以用"一言既出,驷马难追"最终达到了取得花园、请佛说法的目的,因为在某种意义上,它也可以看成是一种"威胁",从而形成对太子来说是"不得已的情况"。所谓的"许诺"是说话人使自己的命题内容兑现为"行",并且该"行"是有利于听话人的;而所谓的"威胁"是说话人通过命题内容使听话人兑现为"行",这种"行"是符合说话人的要求的。而太子的"不得已"也正可以看成"一言既出,驷马难追"收到的"言后之果"。

而所谓的"收言后之果"是指通过实施言语行为使听说双方的行为、信念、感情等产生变化,如:

(35)一句话能把人说跳,一句话能把人说笑/甜言美语三冬暖,恶语伤人六月寒/说者无心,闻者刺骨/一语伤人,千刀搅腹

(36)一言而兴邦,一言而丧邦/谗言误国,长舌乱家/阿谀没有牙齿,但能把骨头啃断/瓮口易闭,人嘴难缝/防民之口,甚于防川/一张嘴说不过众人

(37)听人劝,得一半/闻君一席话,胜读十年书/话是开心锁

以上谚语所描述的是说话人的言语行为使听话人的行为、信念或感情等产生变化。但有的时候,说话人也会因为自己的言语行为而给自己的行为、信念或感情等带来变化,如:

(38)嘴软的小牛有奶吃

(39)传言过话,自讨挨骂/病从口入,祸从口出/一落言语,便惹葛藤/打人三日忧,骂人三日羞/道上说闲话,路边有人听/多言乱听/话多惹事多/舌头底下压杀人

(40)不干己事休开口/守口如瓶,灾祸不生/闭口深藏舌,安身处处牢/多言获利,不如默而无言

布龙菲尔德曾讲述 Bill 和 Jill 的故事来说明语言的使用,给出了 S……r……s……R 的刺激—反应链。S 为物理刺激,R 为 Bill 上树采苹果的行为,r 为 Jill 受到外界刺激后所产生的反应,

而这一反应是语言的,即她对 Bill 说了一句话,s 是 Bill 所接受到的语言刺激。有意思的是,当 Bill 接受到这一来自 Jill 的刺激——语言性的刺激后,他采取了行动。一方面我们完全可以将 r 看成 Jill 所实施的"言语行为",而 R 即是 Jill 所实施的言语行为 r 收到的言后之果。

所不同的是,Jill 所实施的言语行为产生的后果是物质的,而上述谚语所产生的后果却是既有语言的如"传言过话,自讨挨骂",也有物理的,如"嘴软的小牛有奶吃"或"嘴不让人皮受苦"。

四 结束语

作为一个个相对独立的言语产品,言说类谚语可以共同构成一个"言语事件的典型认知模型",即存在着交际双方,或者说他们的交际具有意图性。为了达到这一目标,交际双方都默认自己及对方遵守合作原则,"由听说双方共同参与的、遵守一定规约、具有一定意图即有一个交际的大方向或主要话题、并最终产生一定效果即目标达到的活动"。正是基于这样一个典型的认知模型(Idealized Cognitive Models,缩写为 ICM),可以为现代汉语中所存在的言说类谚语找到合适的位置,使其成为一个具有内在连贯性的整体。

从本体上讲,语言符号是转喻性的,即语言形式转喻语言内容。简言之,言说类谚语主要是通过以下四种方式进行建构的:(1)工具转喻言语行为或言语产品(言语产品),如:"人口扎不住""嘴是扁的,舌头是软的"、"人多舌头多""人多嗓子响"、"舌为柔和终不损,齿因坚硬必遭伤";(2)言语产品的属性转喻言语产品的内容,如:"负屈声必高";(3)言语行为应遵守的规则转喻内容的真假,如"真传一张纸,假传万卷书""一落言语,便惹葛藤""病从口入,祸从口出""灯不挑不亮,话不说不明""有理不在话多""话说三遍淡如水,再说三遍没人理";(4)事物属性隐喻言语属性,如:"话粗理不糙""同心之言,其臭如兰"。

　　语言不仅仅用于"指",更用于"行"。这种局面的形成是因为人类语言从本质上来说是隐喻性的,而更为重要的是,通过这种隐喻性语言所承载的思维又会反过来影响或指导人类的行动,如"辩论是战争""时间是金钱"等分别是用相对具体的"战争"和"金钱"来描写相对抽象的"辩论"和"时间"的,而人类语言并不止于此,这些隐喻性概念又反过来影响人们的行为,如辩论中的"唇枪舌剑""舌战群儒",及现在兴起的"时间银行""把失去的时间补回来"等都是这种隐喻概念导致的行为。记得《铁娘子》里有这样一段话:"注意你所思,他们成为你的语言;注意你的语言,他们会成为你的行为;注意你的行为,他们会成为你的习惯;注意你的习惯,他们会变成你的性格;注意你的性格,他们会决定你的命运。"而玛格丽特·撒彻尔夫人的一生也对这段话做了最好的注解。

　　温端政指出,"知识性"是谚语的根本特征。但具体到言说类谚语,我们更倾向于朝前推小半步,它的根本特征是"以言行事",即用来指导人们行动。其实二者并不矛盾,"格物致知""学以致用"可能是人们对于知识获取的途径及最终去向的一种归纳、描写和追求。被称为 walking shelf(移动书架)或 walking dictionary(活字典)的人也许是如我之类"腹中空空"的人所羡慕的,但马谡式的"纸上谈兵"者,肯定会贻误大事。故从字面意义上看,"一言既出,驷马难追"完全可以理解为知识,但它的真正意义并非如此,它旨在告诫别人不要轻言,因为"说起来容易做起来难",要么"言必行,行必果",否则"一句妄言,折尽平生之福"。总之,谚语并不止于给人提供知识,而更在于指导人们的实际行动。

参考文献:

[1] 布龙菲尔德(Bloomfield). 语言论[M]. 袁家骅等,译. 北京:商务印书馆,1997.
[2] 戴维·克里斯特尔(David·Crystal). 现代语言学词典[K]. 沈家煊,译. 北京:商务印书馆,2000.
[3] 索绪尔(Saussure). 普通语言学教程[M]. 高名凯,译. 北京:商务印书馆,1985.
[4] 温端政. 汉语语汇学[M]. 北京:商务印书馆,2005.
[5] Lakoff. Women, Fire, and Dangerous Things[M]. Chicago:CUP,1987.
[6] Lakoff & Johnson. Metaphors We Live[M]. Chicago:CUP,1980.
[7] Saussure Course in General Linguistics[M]. Foreign Language Teaching and Research Press. Gerald Duckworth & Co. Ltd,2001.
[8] Searle J. R. Speech Acts[M]. Cambridge University Press. 1969.

(作者单位:山西大学语言科学研究所 太原 030006)

试论现代汉语歇后语的分离性和同一性问题

陈 长 书

一 引言

歇后语是一种具有特定意义和固定结构的特殊的语言形式（葛本仪，2001）。目前学术界对典型的歇后语的认识是基本一致的，它通常由前后两部分构成，前一部分旨在引出后一部分，而后一部分则是对前一部分的解释说明，两部分之间通常有较长的停顿（书面上通常用破折号表示），有的学者分别称这两部分为引子和注释（温端政，2006）。然而，在具体的语言运用中有的语言形式只具有歇后语的某些特点，而缺少另外的一些特点，这时很难判断这一形式是否是歇后语；有时即使断定了某一形式的歇后语的身份，但是它到底代表几个歇后语，也存在很大的争议。这其实是辨识歇后语的两个方面，即歇后语的分离性和同一性，其中的问题至今都没有得到很好的解决。

具体说来，主要存在两方面的问题：一是不能清楚地区分歇后语和其他固定结构如成语、惯用语和谚语；二是歇后语一般是在口语中使用，因此动态形式非常丰富，加之在不同的方言区和社会群体中可能又存在不同的运用情况，这导致我们对其进行辨识时很难找到足够的依据。这两方面都与歇后语动态形式有关，都属于在动态中辨识歇后语的内容。以往歇后语的研究主要侧重静态形式的研究,虽然也有对歇后语运用问题的探讨,但是基本上是为说明其结构和语义方面的特点以及规范化服务的,说到底,主要还是针对静态研究的需要而进行的。但是由于"语"的特点,歇后语的动态形式还有不同于静态的特点,比如变体多、存在临时性的歇后语等,这是辨识歇后语时遇到的主要难题,在以往的研究中没有引起足够的重视。因此,只有从歇后语的动态形式入手,才能有效解决歇后语的辨识问题。本文着眼于此,同时借鉴词辨识的分离性和同一性理论,就如何来判定现代汉语中的歇后语谈一点看法。

需要说明的是,分离性和同一性理论其实是一种辨识词汇单位的普遍性理论,过去主要用来辨识词,本文用来判定歇后语。同样作为词汇单位,又使用同一辨识方法,这两项工作肯定有许多相通之处;但与词不同的是,歇后语是一种固定的句子形式,因此它带有"语"的明显特点,这一点在运用辨识理论时必须充分考虑。

二 现代汉语歇后语的分离性

歇后语的分离性工作就是在语流中分离歇后语,也就是将歇后语和相邻的语言单位区分开来。这包含两方面的工作:一是将歇后语和其他固定结构如谚语、成语、惯用语等区分开来;二是将歇后语和临时性的自由词组、句子区分开来。这大体分为两种情况:

1. 同时具有引子和注释的语言形式一般都是歇后语,我们称之为完整形式的歇后语。这种歇后语是在语流中最容易切分而且基本没有争议的一类。其他固定结构一般不具有这种结构形式和

引注关系,例如:

(1)行行行,就算我是嘴上抹石灰——白说。其实我是给你开个玩笑,我哪儿会打什么篮球呀。

(2)我虽然负责仓库,但那是丫鬟带钥匙——当家不做主,要是开仓库门,还得体育部长说了算。

需要说明的是,停顿也是歇后语的重要标志,在语言运用中,大多数歇后语引注之间仍然有较长的停顿,书面上经常用破折号表示,如例(1)和(2),有时在一定条件下,停顿也可能变短,这时,在书面上经常用逗号加以体现,如例(3),甚至不用任何标点,如例(4):

(3)秦亚男伸手打了唐龙一巴掌,"你真是狗咬吕洞宾,不识好人心……"(柳建伟《突出重围》)

(4)政府有5000亿公款吃喝资金,3000亿公车消费资金,但绝对没有这个名目的资金,所以我们别有那些意图,猪大肠扶不上墙的。(转引自铁血网《央视永远不会公布的照片》)

还有时引子和注释之间不仅仅是较长的停顿,而且还被其他词语间隔,例如:

(5)甲:他说的相声,又好比是"隔着门缝吹喇叭——"

乙:又怎么讲呢?

甲:鸣声(名声)在外。(相声《俏皮话》)

此外,还有引子和注释前后倒置的情况,有时它们倒置后中间仍然有较长的停顿,有时中间会加入别的词语或融合成一个词组,例如:

(6)这天他碰上丑毛,心上可就有几分恍惚:"人常说,知

冬不知夏,腊月里买镰把。天下可真有这号怪事。"(刘江《太行风云》,转引自温端政《汉语语汇学》例)

(7)拜读后,宛然成了摸不着脑袋的丈二和尚。赶紧找一本先生的散文选,始知误于现代化的"错简"。(宏图《错得奇》)

可见,歇后语的停顿和语序在动态环境下都有许多变化,但是只要注释和引子都出自同一个歇后语,而且在上下文中同时出现了,都算作歇后语。

2.某一语言形式的内容,只与某些完整形式的歇后语的引子或注释相同,这种情况有时是歇后语,有时不是歇后语,这要根据和歇后语的关系来判断。这样的语言形式又有两种情况:

第一种情况:如果这一语言形式只是歇后语的某一部分(通常是引子)在言语中单独使用了,这时,这一形式本身的结构定型性和它在歇后语中的情况相同,它所反映的语义内容和完整的歇后语形式也完全一致,所以,这种情况也是歇后语,我们称之为不完整形式的歇后语。例如:

(8)我们底儿都揭了,什么情况都在桌面上摆着,就看咱们双方怎么来个周瑜打黄盖了!(谌容《梦中的河》)

(9)短处暴露,又不愿对外宣扬,只好面面相觑,忍气吞声,一个个成了哑巴吃黄连。(凌初《形形色色的遗嘱》)

例(8)"周瑜打黄盖"和例(9)"哑巴吃黄连"的意义和其完整形式"周瑜打黄盖——一个愿打,一个愿挨"和"哑巴吃黄连——有苦说不出"意义完全相同,它们是在其完整形式基础上的缩略形式,直接来源于完整形式,因此也应该是歇后语。在后面同一性的判断中,我们会把这一不完整形式看成是歇后语的一种变体。

第二种情况:如果这一语言形式也是歇后语的一部分,但在单独使用时本身又是成语、惯用语或谚语,那只能算成是成语、惯用语或谚语的动态形式,不能看成是歇后语的动态形式。因为它们在进入歇后语前就已经存在,歇后语产生后也一直和歇后语各自在语言系统中独立使用,如"黄连树下弹琴——苦中作乐""掩耳盗铃——自欺欺人""抱着木炭亲嘴——碰一鼻子灰"中下面加点的部分单独使用了就都不是歇后语了。这种情况是很容易判断的。

事实上,现代汉语中的歇后语在刚刚产生的时候一般都是完整形式,随着语言的发展,一些歇后语逐渐被人们所接受,成为约定俗成的一种固定结构,它的引子和注释都为大多数语言使用者所熟知时,在交际中经常只保留引子,同时省略注释,形成一些不完整的动态形式,因此,往往是定型化的歇后语才具有较多的不完整形式,但是无论如何,它的完整形式在语境中出现的次数肯定要超过不完整形式的出现次数,所以,反倒是一些临时的言语性歇后语通常都是完整形式,很少有不完整的形式,例如,老舍先生曾讲到一个故事:有一位老爷子,岁数越大越怕死,规定家里的人一律不准说"死"字,到了非说不可的时候,就用"喜"字代替。有一次,老爷子过生日时,轮到三女婿祝寿时,他认真地说:"我祝岳父大人长寿,就好比王大娘的裹脚布——永远不洗(喜)!"(转引自谷正义《歇后语趣谈》中《老舍与歇后语(四)》)

另外,一些新产生的言语性歇后语也属于这一类,如"占着茅坑不拉屎——不便久留"等。因为,如果除去引子或注释的话,剩余部分和原来整个歇后语的语义不同,所以,这一类歇后语必须是完整形式,否则,无法将它们与自由词组和句子区分开来。

三 现代汉语歇后语的同一性

分离出歇后语后,还需要解决歇后语的同一性问题。具体说来,就是把一些结构相似的歇后语,看成是一个歇后语的不同变体形式,还是看成不同歇后语的问题。大量的歇后语都存在这样的问题,这与歇后语的形成、使用环境以及所采用的句子形式都有关系。从产生方式来看,这些结构相似的歇后语形式又包括三种性质的结构。

(一) 歇后语的变体形式

前面已经提到,一部分定型化的歇后语在言语中使用时,会产生一些不同的变体形式,而且它们的意义和静态形式的意义基本相同,结构也十分接近静态形式。这种相似性可以表现在句法结构和用词两方面,前者体现为引子和注释所运用的相同或相近的句法结构,后者体现为用词的基本一致性,其中出现差异的话,一般也只是虚词、同义词或意义相关的个别词间的差异,或者只增加或减少数词,但是无论如何,其静态形式的出现频率肯定要明显超过变体形式的出现频率。有的学者称之为"说法不同"(温端政,1984)的歇后语。

需要注意的是,歇后语的静态形式是一种常用的、比较稳定的固定格式,与变体形式相比,它具有三个特点:普遍性、结构定型性和语义凝固性。根据这些特点,有一部分静态形式比较容易确定,如下面要分析的"肉包子打狗——有去无回"和"懒婆娘的裹脚布——又臭又长",但是有一部分静态形式却比较难确定,往往需要依赖大规模的语料调查,如下文中的"黄连树下埋苦胆——苦到了底"和"黄连树下种苦瓜——从头苦到了尾",就比较难区分哪一个是静态形式。歇后语的变体也应该严格界定,不能把结构相似、语义相近的歇后语形式都算歇后语变体,变体的结构必须被限制在前面提到的一定范围内,变体和原来歇后语的意义也应该基本一致。根据变化情况,这些变体形式又可以分为三种情况:

1.引子不变,注释的结构有变化,例如:

①肉包子打狗——有去无回

　肉包子打狗——一去不回头

　肉包子打狗——有去无还

　肉包子打狗——一去不复返

　肉包子打狗——有去没回头

　肉包子打狗——一去不复还

　肉包子打狗——一去无来时

②喝水拿筷子——用不上

　喝水拿筷子——空扒拉

　喝水拿筷子——没有用

　喝水拿筷子——捞不着

③鸡蛋掉到油锅里——滑透了

　鸡蛋掉到油锅里——又圆又滑

2.注释不变,引子的结构有变化,例如:

　懒婆娘的裹脚布——又臭又长

　潘金莲的裹脚布——又臭又长

　老太婆的裹脚布——又臭又长

　老奶奶的裹脚布——又臭又长

　老太太的裹脚布——又臭又长

　王奶奶的裹脚布——又臭又长

王大娘的裹脚布——又臭又长

　3.注释和引子的结构都有变化,例如:

①伍子胥过关——愁白了头

　伍子胥过韶关——一夜愁白了头

②黄连树下埋苦胆——苦到了底

　黄连树下种苦瓜——从头苦到了尾

　　另外,一些定型程度非常高的歇后语,在语言运用中可以省去注释,只保留引子,即前面提到的不完整形式的歇后语,它们也算是歇后语的一种特殊变体形式。

　　以上每一种情况中不同形式的歇后语都只能算成一个歇后语。需要说明的是,歇后语的变体形式是非常复杂的,以上只是歇后语变体的基本类型,有时这几种变体纠缠在一起,很难分辨清楚。例如:

　　a.茶壶里煮饺子——倒不出来

　　b.茶壶里煮饺子——有嘴倒(道)不出

　　c.茶壶里煮饺子——有货倒(道)不出

　　d.茶壶里装饺子——倒不出来

　　e.茶壶里煮饺子——肚里有话,倒不出来

　　f.茶壶里煮饺子——肚里有话

　　g.茶壶里煮饺子——心里有数

　　h.茶壶里煮饺子——肚里亮

　　依据前面提到的标准,以上八种形式可以分析得到两个静态形式,分别是 a 和 f,其中 b-d 是 a 的变体形式,都是对 a 的说法稍加改变;g 和 h 又是 f 的变体形式。e 可以看成是 a 和 f 合成的,可以看成是二者共有的变体。

(二) 改造型的歇后语

这种情况也是对定型化的歇后语进行了加工改造,结果保留了一部分原有的结构,另一部分结构则发生了较大的变化,意义发生了引申,整个歇后语的意义也随之变成了与原来相关的其他的意义。这种情况下,每种歇后语形式都表示不同的歇后语。

由于歇后语的改造是在口语中进行的,口语性的材料往往很难保留下来,因此,歇后语的改造机制和过程大多也不能做到有据可查,也就很难搞清歇后语间的历史联系,但是从其语义和结构的相似性推断,歇后语间都存在着这样的一种衍生关系。根据改造的情况,这种歇后语又可以分为三种情况:

1.引子不变,注释的结构和语义都有变化,例如:

①关公面前耍大刀——自不量力

关公面前耍大刀——献丑了

关公面前耍大刀——冒充能人

关公面前耍大刀——不知丑

关公面前耍大刀——差远了

关夫子面前耍大刀——忘了师傅

②坛子里生豆芽——难出头

坛子里生豆芽——扎不了根

坛子里生豆芽——冤(圆)屈(曲)死了

③老妈妈坐飞机——抖起来

老妈妈坐飞机——美上天了

2.注释不变,引子的结构和语义都有变化,例如:

①剃头的歇工——不理

理发师甩刀——不理

　　理发店关门——不理

　　剃头匠发火——置之不理

②母猪上夹道——进退两难

　　母猪钻篱笆——进退两难

③关公流鼻血——红上加红

　　关老爷搽胭脂——红上加红

3.引子和注释的结构都有变化,一般是引子的变化较小,注释的变化较大,整个歇后语的语义变得不同了。例如:

①曹操倒霉遇蒋干——倒灶事全来了

　　曹操背时遇蒋干——差点误了大事

②高射炮打蚊子——大材小用

　　迫击炮打蚊子——小题大做

以上这些歇后语都是不同的歇后语。

改造型歇后语和歇后语的变体既有相同也有不同,相同的是,它们都是在已有的歇后语形式的基础上变化的结果;不同的是,改造型歇后语改造前后结构和语义都发生了较大的变化,完全是截然不同的两种说法,而歇后语的本体和变体之间结构和语义虽然也有变化,但是变化很小,一般只是个别用词上的差异。

(三)结构偶合的歇后语

这种情况是,歇后语碰巧把同一种形式当作引子或注释,并在此基础上,从新的角度,采用新的材料,创制出注释或者引子,这样形成的歇后语形式间没有历史联系,这些新创制出来的部分彼此间的意义和结构都截然不同,因此它们是不同的歇后语,我们称之为结构偶合的歇后语。这也有两种类型：

1.引子的结构和语义都不同,注释基本相同。例如：

①鲁肃为生——全靠嘴皮子厉害

狗掀帘子——全靠一张嘴

②关公面前耍大刀——自不量力

螳臂当车——自不量力

蚍蜉撼大树——不自量

③棋盘里的卒子——有去无回

肉包子打狗——有去无回

④黄鼠狼给鸡拜年——没安好心

鲈鱼探毛虾——没安好心

⑤屎壳郎遇到放屁的——空喜欢一场

猪咬尿泡——空喜欢

狗拖尿布——空喜一场

画饼充饥——空欢喜

⑥高射炮打蚊子——大材小用

电线杆当筷子——大材小用

顶门杠当针使——大材小用

用房梁砍锄把——大材小用

2.引子基本相同,注释的结构和语义完全不同。例如：

①猴子的屁股——自来红

猴子的屁股——坐不住

②猴子夺棒槌——起了要钱的心

猴子夺棒槌——不玩了

③瞎子看电影——白费钱

　瞎子看电影——光听声

　瞎子看电影——没资格

④老牛拉车——不中用

　老牛拉车——慢慢磨

　老牛拉车——灾(载)祸(货)

　老牛拉车——四平八稳

综上所述,现代汉语中结构相似的歇后语形式包括三种不同性质的结构,它们分别是歇后语的变体、改造型的歇后语和结构偶合的歇后语。它们的差别在于结构和语义方面,歇后语的两个形式,如果结构相近、意义相同,它们就是歇后语的变体,实际是一个歇后语;如果结构和意义既有联系又有区别,两种形式间存在历史联系,它们是改造型歇后语,实际是两个歇后语;如果注释和引子其中之一完全相同,其余部分完全不同,它们就是结构偶合的歇后语,实际是两个歇后语。总之,应该从结构特点入手,把结构和语义相结合,才能分析清楚歇后语的同一性现象。

四　结语

以上分别从分离性和同一性的角度论述了歇后语的辨识问题。从分离性来说,绝大多的歇后语都应该同时具有引子和注释,是完整形式的歇后语;少数歇后语只具有引子,不具有注释,是不完整形式的歇后语,它们不同于成语、惯用语和谚语等其他固定结构。从同一性来说,要注意区分歇后语的静态形式和变体形式,尤其要将变体形式和改造型歇后语、结构偶合型歇后语区别开来。

只有将两方面的问题解决好,才能最终搞清现代汉语歇后语基本单位的性质和数量。这是歇后语研究最基础的工作之一。

参考文献:
[1] 葛本仪.现代汉语词汇学(修订版)[M].济南:山东人民出版社,2001.
[2] 温端政.汉语语汇学教程[M].北京:商务印书馆,2006.
[3] 温端政等.歇后语词典[K].北京:北京出版社,1984.

(作者单位:山东师范大学文学院　济南　250014)

嵌入式四字格的语义透明度与嵌入项的语义变化

孟 德 腾

现代汉语中部分成语或四字格固定语是在一定的框架内嵌入相关成分后形成的,如"一…一…""东…西…""半…不…""左…右…""一…再…"等。为论述方便,本文统称为"嵌入式四字格"。关于此类结构,已有学者进行了宏观或个案探讨,如周荐、罗耀华、张丽萍等。但学界对嵌入式四字格语义透明度的探讨尚不多见。本文将嵌入式四字格的语义透明度划分为三个梯次:完全透明型、透明—隐晦型、语义隐晦型,并结合实例来说明把握语义透明度对词典编纂的参考价值。

一 语义透明度概说

语义透明度(semantic transparency)这一术语来源于认知心理学领域,借用到语言学领域后指合成词的整词语义从其构词语素的语义推知的难易程度。不同合成词之间存在着语义透明度的差异。例如,我们从其构成要素"哀"和"愁"就可以推断出来"哀愁"的意思就是"悲哀忧愁",因此"哀愁"就属于一个透明词(transparent words),其词义透明度就很高;"马"是一种动物,"虎"也是一种动物,但是"马虎"却表示"漫不经心;不介意;疏忽;轻率"的意思,"马"和"虎"这两个构词语素义与"马虎"的整体词义完全无关，因此"马虎"就属于一个不透明词（opaque words），语义透明度很低。

近年来语义透明度开始受到学界关注。如王春茂、彭聃龄通过变化汉语合成词词素累积频率的方法，考察表面频率和语义透明度对加工速度的影响；干红梅通过实验探讨语义透明度对中级汉语阅读中词汇学习的影响；李晋霞、李宇明则结合具体词语把词义透明度划分为不同的梯级。

二 嵌入式四字格的语义透明度

当前学界对语义透明度的探讨主要集中在合成词上面。我们认为，嵌入式四字格的理解过程同样也涉及语义透明度的问题。

为简便起见，根据从其构词成分语义推知整体语义的难易程度，我们把嵌入式四字格的语义透明度划分为三个梯次：完全透明型、透明—隐晦型、语义隐晦型。

（一）完全透明型

语义完全透明指嵌入式四字格的整体意义可以根据组成成分和语法关系直接推断出来。这类嵌入式四字格字面意义和实际意义完全重合，理解难度最低。如以"挨…受…""争…夺…"为框架的嵌入式四字格基本上都属于语义透明类型。再如以框架"不…而…"衍生出来的嵌入式四字格，如"不辞而别、不战而退、不谋而合、不翼而飞、不劳而获、不约而同、不胫而走"等，其整体意义完全可以从构件中直接推知出来。

（二）透明—隐晦型

有些嵌入式四字格字面义和整体义二者有时候相同，有时候会存在一定距离。这一类嵌入式四字格的语义透明度时而透明、

时而隐晦,可以称为"透明—隐晦"型。如:

(1)当下小大姐六宝已经收拾好地毯上的碎碗片和粥粒,重新送进一碗不冷不热的燕窝粥来。(茅盾《子夜》)

(2)张英才说:"不是说好,这个星期的课由我上么?"孙四海不冷不热地说:"让你休息还不好么!"(刘醒龙《凤凰琴》)

例(1)中的"不冷不热"指从物理角度看,燕窝粥温度适中。其字面意义和实际意义相同,语义透明;例(2)中的"不冷不热"指态度比较冷淡,其字面意义和实际意义之间存在一定距离。

再如:

(3)青青是北方姑娘,大手大脚,对刺绣这等精细的工作,本来并不娴熟。(琼瑶《青青河边草》)

(4)看着自己的大手大脚,明明是自己的,可是又像忽然由什么地方找到的。他非常的难过。(老舍《骆驼祥子》)

(5)该死,这种现象他在学校里的女教师身上也见过,结婚之前大手大脚,结婚之后,生了孩子,就变得十分节俭。(陆文夫《清高》)

例(3)和例(4)中的"大手大脚"指手和脚生得比较大。就例(3)而言,刺绣属于精细的工作,心灵手巧才能干好,大手给人的印象是不容易干好刺绣这类活;例(5)中的"大手大脚"在理解上就不能仅仅局限于手和脚生得比较大了,而是指没有节制地随便花费。

(三)语义隐晦型

有些嵌入式四字格字面义和实际整体意义相去甚远,可归入语义隐晦型类别中。正如邵敬敏所言:"它们的含义往往不能单从构成成分和语法上的逻辑义推导出来,换句话说,它们在交际中所发挥的作用,实际上是隐藏在表层义后面的深层语用含义。"如:

(6)靠南半拉儿那儿有一道儿,上水心亭里头玩去那会儿<u>不三不四</u>有的是,姑娘人家别上那里头去。(王文山《1982年北京话调查资料》)

(7)可怜这一位画家,在国内也算<u>有头有脸</u>的人物,何曾想到会在美国如此狼狈。(方方《特大跨国诈骗犯潘亚中》)

"不三不四""有头有脸"的语义和字面义之间存在着一定的差距,要了解它们的真实语义,就不能仅仅停留在字面意义上。从对外汉语教学的角度看,这类语义隐晦型的嵌入式四字格理应作为教学难点来对待。

三 嵌入式四字格中嵌入项的语义变化:泛化与扩容

嵌入式四字格的能产性极强。嵌入项在进入框架空槽的过程中,如果不断高频使用,嵌入项意义就可能会出现语义变化。概括起来,主要存在着泛化和扩容现象。

(一) 语义泛化

泛化是语义发展的一种走向,语义泛化往往伴随着语用空间的拓展。如"搞"是从西南方言进入普通话的,新中国成立前北方很少用"搞"。而现代汉语中"搞"语义泛化,搭配范围大大增强,几乎成为继"打"之后的又一个"万能动词"。再如"山寨"本为筑有栅栏等防守工事的山庄或旧时绿林好汉占据的山中营寨,如今语义发生了泛化现象,成为与正规、正版、正常、主流、官方等概念相对立的代名词。

嵌入式结构中,框架经常会使其中的某些嵌入项在语义上出现泛化现象。如邵敬敏(2007)就考察了"V一把"中的"V"的泛化现象。该文通过语料考察,发现20世纪80年代尤其是进入21世纪以来,"V一把"的用法迅速蔓延。原来"V"主要是与手有关系的典型动词,如"拉、抓、揪、拽"等,如今能嵌入该框架中的"V"呈现出泛化倾向。这一点对我们很有启发,那就是要以动态的发展眼光来考察嵌入式四字格,关注框架中嵌入项的语义变化。

考察发现,数词作为嵌入项很容易出现泛化现象。张清常认为:"中国人使用数字,一时一时的风气,这样就使数词的虚义远远超过实义……汉语的数词是非常活泼富于诗意的,并不仅仅是科学严肃准确的。"数词本来表示数量,但作为嵌入项进入框架之后,通常就不再单纯表示数量,意义出现泛化现象。如:

(1)有的不法厂家不顾政府三令五申,将一些不合格产品投放市场。(1994年《报刊精选》)

(2)这位素来脱略形迹,不修边幅的武当长老,此刻居然也脱下了他那件千缝万补的破道袍。(古龙《陆小凤传奇》)

(3)男仆们七手八脚地将胡雪岩扶着躺下,她这时才发觉,胡雪岩一条腿受伤了。(高阳《红顶商人胡雪岩》)

涉及数词作为嵌入项的嵌入式四字格,数词大都出现语义泛化现象,如"一…一…、百…百…、一…半…、一…二…、三…两…、三…四…、…三…四、五…六…、七…八…、…七…八、百…千…、千…百…、千…万…、万…千…、一…三…、一…百…、一…千…、三…五…、三…六…、四…八…"等。

作为嵌入项的数词出现语义泛化,语义表达上可大致分为两类:表示数量多(程度高)或数量少(程度低)。

表示数量多(程度高)量性特征的如:

(4)鼻子下有嘴,逢人便问路;但是三拐四弯,五盘六绕,七出八进,九曲十环,我就像进入诸葛亮的八阵图。(刘绍棠

《大河小镇》)

小说中,作者连续运用"三拐四弯,五盘六绕,七出八进,九曲十环"四个嵌入式四字格,描写了"我"晕头转向的情景。其中的数词"三、四、五、六、七、八、九、十"均不再表示确切数字,而是表达"拐、弯、盘、绕、出、进、曲、环"等动作的次数之多,语义泛化后变得虚化。

其他嵌入式四字格如"三…四…""三…五…""三…六…""五…六…""千…百…""千…万…""万…千…"中的数字一般都表示数量多。

嵌入项表示数量少(程度低)量性特征的典型嵌入式四字格是"一…半…":

(5)他以为也许言语之间得罪了她,而她以为即使有一星半点的顶撞也犯不着这么客气。(老舍《四世同堂》)

(6)老柯的妻子对死者遗愿仍然一知半解,这是她的后来的孀居生活中无法解脱的一个疙瘩。(苏童《灰呢绒鸭舌帽》)

有的数词作为嵌入项,既可表示数量多(程度高),也可以表示数量少(程度低),表现出对语境较强的依赖性,如"三…两…":

(7)他略使手段,三拳两脚,一眨眼工夫,便把他们打得哭爹叫娘。(张平《十面埋伏》)

(8)全书共收一千多则故事,记述简练,一般只有数行文字,短的只是三言两语。(《中国儿童百科全书》)

(9)他逼着秘书和卫士三天两头去国务院机关事务管理局催,火急火燎地非马上搬不可。(吴思《陈永贵沉浮中南海》)

(10)这是新疆的乌恰,是个闹地震的地方,这个地方三年

两头老地震。(张少泉《大地震》)

例(7)和例(8)中的"三拳两脚""三言两语"均表示数量少(程度低),例(9)和例(10)中的"三天两头""三年两头"均表示数量高(程度高)。

嵌入项的泛化往往要受框架成分的影响。如"来"和"去"是现代汉语中两个常见的表示趋向的动词,伴随着"来""去"的语法化,进入框架"…来…去"空槽中的成分也会随之发生泛化。如:

(11)热带鱼在珊瑚礁间游来游去,充满热带风情。(《中国儿童百科全书》)

(12)昏黄的灯光下一群飞蛾围在灯前飞来飞去,偶尔从胡同旁的人家中传出现代京剧的锣鼓点和高亢的唱段。(李威海《贺龙元帅悄然离去……》)

例(11)和例(12)中,动词"游"和"飞"是动词范畴里典型的表示空间位移的动作动词,表现出明显的[＋方向性]语义特征。"来""去"的语法化允许某些具有[－方向性]语义特征的动词也可以作为嵌入项进入空槽中,如心理动词"怕"、抽象动词"思、想"和演说动词"说"。这些动词本来不具有方向性,框架成分"来"和"去"的语义虚化使得该类词也能够进入到空槽中。

(13)郁老大怕来怕去,最怕长毛。(高阳《红顶商人胡雪岩》)

(14)思来想去,老拳王觉得再难也要争取。(王德明《中国拳王扬威美利坚》)

(15)真是活见鬼,怎么说来说去,又是这句早已没滋味的话呢?(胡辛《蒋经国与章亚若之恋》)

需要指出的是,语义泛化和语义虚化之间存在一定的关系。

159

如果说语义泛化(semantic generalization)是语义由一个认知域延伸到其他认知域,它更着眼于共时平面词义适用范围的扩大;而语义虚化(semantic weakening)则关注历时角度词义演化过程中由实而虚的历时对比。如"…来…去"中的"来""去"发生虚化是历时演变的结果,同时又带来了嵌入项的范围扩大和语义虚化。

(二) 语义扩容

语义扩容指嵌入项进入空槽之后,表层语义信息量有所增加,嵌入式四字格的整体意义大于嵌入项的简单相加。比如,"不明不白"不单单指"不明白",更多的是在"不明白"的基础上又增添了"稀里糊涂、受到冤枉或者离奇神秘"等附加的语用意义,凸显受事主体的无奈和不满或冤屈,产生了语义扩容现象。邢福义指出:"汉语语法重于意而简于形。在结构形式的选择上,常用减法;在结构语义的容量上,则常用加法……我们使用汉语,一贯遵守一条语用原则。这就是:借助言语背景,言语尽可能经济简练。"嵌入式四字格的整体意义往往是由作为构式的框架意义和嵌入项的意义共同整合而成的。如:

(16)我有个族侄在报馆工作,我敢担保他不是共产党,也被不明不白地杀害啦!(杨旭《荣氏兄弟》)

(17)但纪照连态度非常冷淡……决不能让儿子死得不明不白。(文璇《英雄死后的官司赢得好沉重》)

以"不…不…"为框架的不少嵌入式四字格都出现这种语义扩容现象,如"不清不楚"。试比较下面两个例子:

(18)他们两个人的关系不清楚。

(19)他们两个人的关系不清不楚。

例(18)只是对客观事实的一种描述,例(19)则带上了说话人的语用意义,在具体的语境中可能传达说话人鄙夷或者难于言说的语用信息。

嵌入式四字格嵌入项的语义扩容现象中,偏义复词离析后分别进入空槽中的语义变化值得关注。"一般不能单用的语素在四字格里当单词用。"偏义复词进入嵌入式四字格框架之后,作为陪衬语素的语义往往被激活,这是语义扩容的一种重要表现。"国家、质量、利害、得失"部分偏义复词进入到"有…无…"中,其中的陪衬语素就会被激活,如:

(20)他的家人说:"老爷子是有国无家,在他手里一分钱能掰成五瓣花。"(《人民日报海外版》2006年1月7日)

(21)北京高校紧抓教学质量 避免有质无量盲目扩招(《北京青年报》2001年6月21日)

(22)"世界工厂"有量无质:变中国制造为中国"智"造(《人民网》2010年9月17日)

(23)我们不但不惧怕这种民主政治斗争,而且要发展这样的民主政治斗争,因为它对于我们是有利无害的。(邓小平《邓小平文选》)

例(20)讲述了"感动中国候选人"的白芳礼老人靠蹬三轮车把辛苦积攒的钱捐给贫困学生的故事。"国家"本来是个偏义复词,语素"家"只是作为陪衬,该词真正意义的落脚点是在语素"国"上。而当"国"和"家"分别作为嵌入项进入到空槽后,"家"的意义被激活。白芳礼老人的家人之所以说"有国无家"就是因为老人家心里只为贫困生着想,对家里的事不多操心。偏义复词"质量"意义的落脚点是在语素"质"上,语素"量"只是作为陪衬,当"质"和"量"分别作为嵌入项进入空槽后,"量"的意义也被激活。这种现象充分体现了框架对嵌入项意义的积极作用。偏义复词"利害"本义在语素"害"上,框架"有…无…"激活了作为陪衬的语素"利"。

四 《现代汉语词典》释义商榷一则

要对嵌入式四字格做出较为合理的解释,词典需要从三方面入手:首先是框架中嵌入部分的词性、词义关系;其次是说明框架所具有的构式义;三是例证。《现代汉语词典》(第5版,商务印书馆,2009)所收录的嵌入式四字格释义就比较全面。如:

【爱…不…】分别用在同一动词前面,表示无论选择哪一种都随便,含不满情绪:～管～管｜～说～说｜～来～来｜～参加～参加。

【七…八…】嵌用名词或动词(包括词素),表示多或多而杂乱:～手～脚｜～嘴～舌｜～拼～凑｜～颠～倒｜～零～落｜～上～下｜～长～短｜～扭～歪｜～折～扣(折扣很大)。

嵌入式四字格的框架有时不止一个构式义,因而要对某一个嵌入式四字格的每一个构式义进行合理概括并做全面释义是一件有难度的工作。《现代汉语词典》中对嵌入式四字格的个别释义就存在可商榷之处。如《现代汉语词典》中收录了框架"一…一…",指出该框架的第一种用法是"分别用在两个同类的名词前面。"a)表示整个:～心～意｜～生～世(人的一生)。b)表示数量极少:～针～线｜～草～木｜～言～行。其中关于框架"一…一…"的b)种用法就值得进一步探讨。因为框架中的"针和线""草和木""言和行"实质上是通过转喻手段来获取遍指意义,在框架"一…一…"中发生了语义扩容现象,换言之即"针、线""草、木"在框架"一…一…"的制约作用下遍指所有的东西,"言、行"在框架"一…

162

一…"的制约下转喻所有的言行。如：

(1)王强说："饭菜我们都得给钱,八路军不拿群众一针一线,这是我们的规矩!"(知侠《铁道游击队》)

(2)作者这种理智上的不舒服反而刺激我更加注意他的一言一行。(肖华《我和张艺谋的友谊与爱情》)

(3)废名不放过一草一木,因为在他看来,这一切,都是含了美的精神的。(曹文轩《艺术感觉与艺术创造》)

"不拿群众一针一线"是指不拿群众的任何东西,并非指不去拿群众的少量东西;"一言一行"遍指"他"的所有言行,并非指"他"的数量极少的言行;"一草一木"遍指废名眼中的"包含了美的精神的一切东西",并非指"包含了美的精神的少量的东西"。这三个例子充分说明框架"一…一…"并没有表示数量极少的意思,这反映了《现代汉语词典》在概括框架语义过程中忽略了框架的构式意义对词义的影响,以至于把框架的字面意义强加在整个嵌入式四字格身上。这也是应该引起词(语)典编纂工作者高度注意的。

以上分析表明,嵌入式四字格的框架和嵌入项之间存在着复杂的关系,其语义透明度也会因为框架和嵌入项的不同呈现差异。因此我们需要树立一种整体观,重视嵌入式四字格语义理解过程中的非线性现象,注意框架和嵌入项之间的互动关系,既有自上而下的思路,又有自上而下的眼光,不能把二者生硬地割裂开来。语言具有整体性,是非线性系统,语言现象中存在着大量的非线性问题,不能完全用线性分析的方法来解决。

参考文献：

[1] 干红梅.语义透明度对中级汉语阅读中词汇学习的影响[J].语言文字应

用,2008(1).

[2] 龚千炎,胡治农.略说动词"搞"[A].语言学论文集[C].合肥:安徽教育出版社,1987.

[3] 李晋霞,李宇明.论词义的透明度[J].语言研究,2008(3).

[4] 吕叔湘.汉语语法分析问题[M].北京:商务印书馆,1979.

[5] 罗耀华.待嵌格式"不A不B"的认知研究[J].江汉大学学报,2002(3).

[6] 邵敬敏.口语与语用研究的结晶[J].世界汉语教学,1994(2).

[7] 邵敬敏."V一把"中V的泛化与"一把"的词汇化[J].中国语文,2007(1).

[8] 王春茂,彭聃龄.合成词加工中的词频、词素频率及语义透明度[J].心理学报,1999(3).

[9] 邢福义.汉语语法结构的兼容性和趋简性[J].世界汉语教学,1997(3).

[10] 张丽萍."不A不B"格式探析[J].语言应用研究,2007(6).

[11] 张清常.汉语的15个数词[J].语言教学与研究,1990(4).

[12] 周荐.《现代汉语词典》中的待嵌格式[J].中国语文,2001(6).

(作者单位:山西师范大学文学院　临汾　041004)

基于对外汉语教学实验的汉语惯用语语义结构分析

刘 钦

一 汉语惯用语的语义结构

（一）基本义和附加义

语言是交流思想和表达情感的工具，语言形式所表达的意义必然包括"思想"和"情感"两方面。其中"思想"即理性意义，"情感"即非理性意义。理性意义表达的是说话人对客观世界的事物和现象的认识，构成语义的基本义，联系着概念、判断和推理；非理性意义表达的是说话人的主观情感、态度以及语体风格等方面的内容，附着在特定的理性意义之上，构成语义的附加义。

汉语惯用语的基本义由两方面构成，一是有一些惯用语的实际义是其语源意义，如"一不沾亲，二不带故""人闲心不闲""上不着村，下不着店"等，其实际义与字面义和语源义的一致性很难说是经过了某种机制的转换而形成的；一是有一些惯用语的实际义是通过隐喻和转喻形成的意义，这种意义更为常见。上述两种意义通过某种相对固定的表达手段，对客观事物和现象进行描述，属于惯用语的基本义。

汉语惯用语的附加义是指附着在理性意义上的感情色彩义和语体色彩义，其中一个重要的特点就是其感情色彩上的贬义性，虽然汉语惯用语中也有褒义和中性的,但是数量上远不及贬义的惯用语。这是因为贬义性决定了表贬义的惯用语本身通过对不好或者错误的方面进行贬斥,从而反面肯定好的或正确的方面,是一种隐形曲折的表达,也蕴含了人们对人和事物评判的是非标准和价值体系。

(二) 字面义和实际义

从语义的表层结构看,惯用语各构成成分意义的组合是其字面义;当这种组合义第一次出现在言语交际中,以该组合义的形式通过反复出现使用而固定下来,成为进入语汇系统的语言单位时,其实际义等同于字面义,称为语源义;而更为常见的情况是,惯用语构成成分的组合结构相对固定,字面义作为"源域"投射到比喻义的"靶域",在这种投射产生的隐喻和转喻的机制下,构造出实际义为比喻义的惯用语。综上,汉语惯用语的字面义和实际义在一定程度上具有离散性,字面义和实际义之间的关系可分为如上所述的两种类型,一种为字面义即由语源义形成的实际义,另一种为字面义经隐喻或转喻构造出的比喻义形成的实际义。汉语惯用语的语义结构如下图所示:

$$
\text{惯用语语义}\begin{cases}\text{基本义(理性意义)}\begin{cases}\text{字面义}=\text{语源义}=\text{实际义}\\ \text{字面义}\xrightarrow[\text{隐喻、转喻}]{\text{构造}}\text{比喻义}=\text{实际义}\end{cases}\\ \text{附加义(非理性意义)}\begin{cases}\text{感情色彩(贬义性为主)}\\ \text{语体色彩(口语性为主)}\end{cases}\end{cases}
$$

二 汉语惯用语的语义结构在对外汉语教学中的应用

(一) 实验目的

本文试图从汉语为第二语言的学习者理解汉语惯用语语义的

角度观察汉语惯用语字面义和实际义的关系,并寻找相应的教学对策以指导汉语惯用语语义的对外汉语教学。鉴于篇幅,对于汉语为第二语言的学习者理解汉语惯用语附加义的情况,将另文讨论。

(二) 实验对象

被试组 A:大连某外国语学院中级 A 班留学生 30 名,均已通过 HSK 中级考试。留学生来源分布比例为日本、韩国约占 80%,美国、俄罗斯、荷兰、巴基斯坦约占 20%,男女比例约为 1∶1,年龄分布为 20—30 岁。

被试组 B:大连某外国语学院中级 B 班留学生 30 名,汉语能力与 A 组相当。留学生来源分布比例为日本、韩国约占 60%,美国、俄罗斯、意大利、哥伦比亚约占 40%,男女比例约为 1∶1,年龄分布为 20—36 岁(60 岁 1 名)。

(三) 实验材料

实验 1 选取《新华惯用语词典》中 20 个常见的具有字面义和实际义双层关系(即比喻义=实际义,下面称为比喻义惯用语)的汉语惯用语及 5 个字面义等同于实际义(即字面义=实际义,下面称为字面义惯用语)的汉语惯用语,作为 A 组教学和实验的材料,胪列如下:

  比喻义惯用语:背黑锅、炒鱿鱼、出难题、穿小鞋、倒胃口、喝西北风、鸡蛋里挑骨头、开绿灯、开夜车、拍马屁、跑龙套、碰钉子、泼冷水、挑大梁、唱对台戏、三天打鱼,两天晒网、天上掉馅饼、捅马蜂窝、走后门、钻空子

  字面义惯用语:吃眼前亏、人生地不熟、松了一口气、显身手、敢怒不敢言

实验2搜集B组教学前阶段讲授的汉语惯用语练习,统计一学期内的作文和作业,作为B组教学和实验的结果,并对此进行分析。

(四) **实验步骤**

本阶段实验分组进行,实验1针对A组被试,其中的所选材料加工为单项选择问卷。具体方法是：

以每条惯用语为题干,考察学生是否了解该惯用语的语义,题干后分列"是"或"否"2项选择,如选择"是"则进入题干下列4个选项的选择,判断4个选项中哪一个最符合题干的意义,并做出相应选择;如选择"否"则对其意义进行猜测。(说明:属于比喻义惯用语的题干其选项分别为1个字面义、1个比喻义及2个干扰项;属于字面义惯用语的题干其选项分别为1个字面义及3个干扰项。4个选项随机排列,在三种语境中出现是相同的。)

实验2针对B组被试,汉语教师在一学期内分别讲授以上惯用语(包括学生自认理解语义的惯用语),讲授时对惯用语的实际义及其结构类型和句法功能作为3项可控量进行教学,并布置课后练习及规定使用所讲授的惯用语的作文和练习。

(五) **实验结果**

实验1的问卷结果如下：

实验A组收回问卷30份,自认全部惯用语都理解的人有11人,其中7人答对率超过题干的50%,4人答对率低于50%。自认理解10个以上惯用语的人有11人,其中8人对没学过的惯用语猜测的正确率低于50%,3人猜对率高于50%。

对正确率和错误率进行了统计,详见下表：

	理解		不理解	
平均答对率	70.4%	平均猜对率	50.5%
平均答错率	38.2%	平均猜错率	54.9%

问卷显示,对于汉语惯用语,留学生认为理解并做出正确选择的人当中高于平均率的有15人,只占总人数的50%,可见即使是中级程度的留学生理解并掌握汉语惯用语的情况也并不乐观。对于不理解惯用语的学生而言,他们的平均猜对率仅为50.46%,达到该比例的有9人,占总人数的三分之一左右。并且从问卷调查结果中可以发现,猜对的多为简单且语义较为透明的惯用语。

实验B组收集一学期内的学生作文和练习,整理其中惯用语使用正确和错误的真实语料,通过统计筛选,共提取汉语惯用语用例600条,其中,运用得当的有434条,占被抽查的72.33%,运用错误的有166条,占27.66%。

通过对以上A、B两组实验结果的分析,可以发现汉语为第二语言的学习者对汉语惯用语语义理解方面的偏误主要有以下几种类型:

1. 比喻义理解为字面义

实验1的1-20题,题干下4个选项1个是字面义,1个是比喻义(实际义),经统计,误将比喻义理解为字面义的被试30人中的平均值为8.52个,占20题的42.6%,这一比例在理解和不理解惯用语语义两种情况下整体偏误率的平均值46.55%中占到了91.5%的比率,由此可见,对于中级阶段的汉语为第二语言的学习者而言,对比喻义惯用语语义理解的偏误主要还是因为从字面义来理解造成的。

2.字面义理解偏误

实验1的21-25题,题干下4个选项1个是字面义(实际义),经统计发现,这一情况的汉语惯用语语义理解出现了两极分化的现象。对于被试标记"是否理解"为"是"的字面义惯用语,其答对率高达80%以上;对于被试标记为"否"的字面义惯用语,其猜错率在90%以上。

(六)实验结果分析

惯用语的语义偏误主要是在语义通达的过程中出现了断层或者错位而导致的,这就要求我们首先对惯用语语义的通达过程进行研究,换言之,惯用语语义如何正确理解和掌握主要是考察惯用语的理解机制。

惯用语的理解机制一直是学者研究惯用语的切入点之一,国内外从心理学角度、认知科学角度等方面都已有了大量的研究,就目前的研究成果来看,影响惯用语理解的主要因素可以归纳为如下几方面:1.熟悉性和字面义的原义性;2.语义透明度;3.预测性;4.语义分解性;5.语境效应。

根据结构假说理论,汉语为第二语言的学习者对比喻义惯用语的理解过程是:当学生接触到惯用语时,首先激活的是组成惯用语的单个语素的语义。当这些语素义积累到足够多的时候,惯用语的字面义就会被激活。字面义只能表现惯用语原义性,如果要掌握其实际义,还要经历一个构造的过程。这一过程受到上述5个因素的影响。也就是说,学生对惯用语的掌握分两个部分,即对字面义的熟悉程度和对比喻义的熟悉程度。而在字面义向比喻义转化的过程中,如果惯用语的语义透明度高,其个别语素的语义分解性较强,那么学生对于惯用语的预测性就会大大增强。排除其他主观因素再通过具体语境加以强化,就会达到高熟悉性。比如,对于"拍马屁"这一典型惯用语,学生首先会对"拍""马""屁"三个语素的字面义进行理解,由于这是最简单最基本的初级词汇,学生对其熟悉性很高,很容易就会得出"拍打马的屁股"这一简单的字面义,但是"拍马屁"的实际义为其比喻义,比喻"出于某种目的对别人阿谀奉承",其语义分解性较弱,字面义和比喻义联系较弱,语义透明度较低,学生在从字面义到比喻义的理解过程中,预测性很低,就极易产生偏误。

我们将惯用语语义通达过程分为3个阶段:字面义的激活阶段、从字面义到比喻义的构造阶段、在比喻义激活之后,进入惯用语的语用阶段。由此,汉语为第二语言的学习者对汉语惯用语理解出现偏误也分为三个阶段:

1. 字面义激活失败

字面义激活失败主要是由于学生对惯用语构成语素中个别成分的语义掌握不足,头脑中所储备的资料不足,没办法达到激活字面义的程度,即学生对字面义的熟悉性不够。这与惯用语的构成语素有关,也与学生的先期词汇储备有关。如"跑龙套"中的"龙套",很多学生并不了解"龙套"的字面义是"中国传统戏曲中穿着绣有龙纹的服装扮演成队的随从或兵卒这样的角色",对"龙套"的关键义素"扮演随从或兵卒"引申为"不重要的角色"缺乏认知,无法激活字面义。

2. 比喻义激活失败

汉语惯用语语义理解的偏误很大部分都产生在这一阶段。惯用语比喻义的激活受语义透明度和语义分解性的影响。语义透明度越高,语义分解性越强,学生对惯用语比喻义的预测性就越准确。学生理解困难的是语义透明度低,语义分解性弱的惯用语。即,当惯用语的语义分解性＝0,即构成惯用语的每一个语素对比喻义的形成没有贡献,字面义和比喻义毫无关系时,最难理解。这也就解释了学生对字面义＝实际义的汉语惯用语语义理解出现两极分化的原因。那么,造成惯用语语义透明度低和语义分解性弱的因素也就是学生产生偏误的原因。我们认为惯用语的语义透明度低和语义分解性弱有如下两方面的原因:

1)汉语惯用语本身的因素

汉语惯用语本身的特征减弱了惯用语的语义分解性,使语义透明度降低。如汉语惯用语的惯用性,构成惯用语的语素之间没有理据或者这些理据在历时演变中已不可考。如珠算或算数口诀中转换而来的惯用语"三下五除二""不管三七二十一"等,其语义结构内部各语素之间并没有相应的关联和理据性,降低了语义的透明度。

2)汉语惯用语本身所蕴含的文化因素

汉语惯用语语义中蕴含的文化和民俗因素降低了学生对惯用语语义的预测性。许多汉语惯用语都来源于中国古代的历史传说或民间的日常生活,如"打退堂鼓""唱对台戏""炒鱿鱼"等。很显然,如果对中国文化和中国民俗民风没有足够的理解,仅从这些惯用语的字面义去猜测比喻义几乎是不可能的。

3. 惯用语语用失败

汉语惯用语的比喻义激活生成其实际义,进入到使用者的心理词典中,随着话语生成而进入使用阶段,这一阶段是检验学习者是否能够合理运用惯用语表达言内之意,并借以传达言外之意的阶段,是真正体现语言使用者交际能力的重要阶段。而汉语为第二语言的学习者对惯用语的语用失败主要是没有将语言表达和情景及交际对象很好地结合在一起。如有些惯用语使用的对象错误是因为将说话人和听话人的位置相混造成的：

(1)最近天气走下坡路，要多穿衣服。

(2)我这么快就学会汉语了，真有两下子。

三 教学对策

汉语惯用语的语义结构决定了其对外汉语教学的特点，对于不同语义结构的汉语惯用语，需采取不同的教学方式。

（一）字面义＝语源义＝实际义的汉语惯用语教学对策

对于字面义＝实际义的汉语惯用语而言，需语素义先行进行字面义教学，如"吃眼前亏""显身手""松了一口气"这三个惯用语，其字面义的各构成语素有层次地组合在一起形成字面义，这个字面义并没有经过引申等途径生成比喻义，而是直接构成了该惯用语的实际义。因此，理解和掌握这类惯用语的语义首先要从其字面义的构成语素入手，如"吃眼前亏"的语法结构可以分析为：

吃　眼前　亏
　　　　偏正
述宾

语义可以分解为"吃亏"加合"眼前"，"吃亏"作为一个词构成语汇学角度的语素，整体意思为"受损失"；"眼前"作为一个词构成语汇学角度的语素，整体意思为"眼睛前面"并引申出"目前、现在"的意思；从语法结构角度可以看到"吃"和"眼前亏"构成述宾关系，"吃"有"受，挨"的意思，"眼前亏"表示"当时就会受到的损失"。这样一来，字面义构成语素的语法、语义组合形成了该惯用语的实际义，即"当下受到损失"。

当然，也有部分汉语惯用语的字面义与其构成语素之间没有理据性和推导关系,如上文提到的珠算或算术口诀"三下五除二""不管三七二十一",其中语素之间的组合关系对字面义的激活没有作用,而是组合之后作为一个整体来表达意义。我们可以从其语源着手,"三下五除二"其语源是珠算口诀,"不管三七二十一"其语源是算术口诀。

(二) 比喻义＝实际义的汉语惯用语教学对策

对于比喻义的汉语惯用语而言,也需语素义先行进行字面义教学,再导入比喻义。这与字面义和实际义的语义关系相关。

首先,字面义是实际义理解的基础。对惯用语的理解实际上就是对实际义的理解。就整个惯用语来说,字面义是实际义理解的凭借和基础。因为人们首先接触到的都是惯用语的表现形式,即其字面义,可以通过惯用语结构成分的分析获得。实际义必须借助字面义得以实现。如上文所举的惯用语"穿小鞋",其字面义是"穿尺寸比脚小的鞋",而其实际义是"比喻对人报复,给人刁难、约束或限制"。在字面义向实际义转化的过程中,人类的认知机制发挥了作用。认知机制中常常将不同域的概念知识进行映射和对应,将熟悉的物质领域(源域),即穿尺寸比脚小的鞋会感到难受和痛苦,和不太熟悉的抽象领域(靶域)联结,即映射到社会生活中人与人的关系之上,通过这种从源域向靶域的映射和反应,产生隐喻,生成该惯用语的比喻义,并随着结构和语义的逐渐凝固成为人们约定俗成并惯用的语言单位,形成实际义。"穿小鞋"由字面义转向实际义的过程,是一个由生理感受转向心理感受的过程,这正是惯用语的意义由具体转向概括的表现,惯用语实际义的理解是由字面义的指引而最终实现的。

其次,字面义丰富了实际义的修辞效果。汉语惯用语实际义的获得基本上都是通过对字面义的修辞获得的,采取了比喻、借代等多种修辞方式,达到了一定的语言效果。尽管惯用语实际义并不完全等于字面构成成分意义的简单加合,但字面义对惯用语理解有重要作用,其构成成分的口语性也直接影响和形成了惯用语整体上的口语性。认知语言学认为,隐喻就是用一事物看待另一事物。从这个角度考察汉语比喻义惯用语,就会发现它们基本上都可以看成是隐喻的结果。隐喻的意义就是作为源域的概念即字面义,映射到域的概念系统即实际义当中。比如"泼冷水"字面义就是"倾倒冷水"。"冷",本义是指温度低,这种人的感觉器官感受到身体的温度变化作用于内心或情绪,引申为"使心情或精神冷",再引申为"使丧失热情或失望"。

最后,字面义可以向实际义转化和构建。惯用语的字面形式和实际义的关系并不是任意的,而是通过隐喻、转喻或其他方式实现字面义向实际义的转化,字面义的生动形象和实际义的抽象概括交织在一起。例如"走过场、翻老账、吃大户、吃鸭蛋、绊脚石、翘尾巴、交白卷"等惯用语就是结合了字面义和实际义,既让人看到其形象的字面义,又使人很容易地联想到实际义。没有这样的字面义的参与,对实际义的理解就会大大增加难度。

四 结语

对外汉语教学实践和汉语语汇学理论的有机结合,是对外汉语教学从字本位到词本位再到句本位的一个有益的尝试和探索。理论和实践的结合,可以互相促进、不断修正并调整,以获得最佳的教学效果,并使理论得到完善。

(作者单位:山西省社会科学院语言研究所　太原　030006)

汉语方言俗语语料库的建设

吴 建 生

"汉语方言俗语语料库建设研究"于 2010 年作为国家社科基金语言学重点项目立项,目前课题正在进行中。下面就几个主要的问题,谈谈我们的认识和做法,以就教于方家。

一 汉语方言俗语的性质和范围

1.1 关于俗语的性质和范围

吕叔湘先生在《中国俗语大词典》(上海辞书出版社,1989)序言里,对俗语的性质和范围做了初步论述。吕先生说:"俗语,或者俗话,是一种广泛的名称","典型的俗语是所谓谚语,这是各国语言里都有的一种东西,英语里的名称是 proverb。""俗语里还包括一种早先叫做'俏皮话'而现在统称'歇后语'的东西。它的灵魂是机智却不一定有教育意义。"吕先生还说:"谚语之成为谚语,还有一个更重要的条件,就是流行,就是有群众性:你也爱说,我也爱说,说出来谁都懂,谁都欣赏。如果有一句话,内容很有意义,形式是紧凑的可就是没有传开去,大家都不说,也就不能成为谚语。"

关于格言和成语的问题,吕先生说:"还有两种语句跟俗语相似而又不尽相同,分得开而又不完全分得清。首先是格言,例如'虚心使人进步,骄傲使人落后'。""再就是成语。""成语的主要特点是形式短小,并且最好是整齐,甚至可以说是以四字语,尤其是二二相承的四字语为主。"

学习吕先生的论述,我们得到以下几方面的认识。第一,俗语是一种广泛的名称。它除了包括谚语之外,还可以包括歇后语;第二,俗语的一个重要的特点,就是流行,即具有群众性;第三,作为可以在群众中流传的俗语,形式应该是紧凑的,"得像一把匕首,不能是丈八长蛇矛";第四,格言和成语跟俗语相似,但有较大的不同;第五,成语以四字语,尤其是二二相承的四字语为主。

之后的20年间,关于俗语性质范围的讨论一直在进行。具有代表性的观点主要有两种。一种以王勤先生为代表,认为应当采取"狭义俗语"的观点,把"在传统俗语中剔检出成语等固定材料之后剩下的部分"仍叫作"俗语","使它与成语、谚语、歇后语、惯用语处于同一地位、同一级次"(王勤,2006)。另一种以温端政先生为代表,认为俗语是汉语语汇里"为群众所创造、在群众口语中流传,具有口语性和通俗性的语言单位","俗语应该包括谚语、歇后语、惯用语和来源于口语系统的成语"(温端政,2005)。可以看出,温先生的观点是对吕叔湘先生论述的继承和发展。这种"广义俗语"之说符合汉语语言实际,逐渐被学界认可。

1.2 汉语方言俗语的性质和范围

汉语语汇学理论认为,"语"有雅俗之分。在汉语语汇系统里,除了俗语之外,还有"雅语",雅语集中在成语里,主要特点是来自书面系统,构成上多文言成分;除了雅成语之外,语汇系统中的其他成员都是俗语(温端政,2005)。

与普通话中的俗语一样,汉语方言俗语同样是汉语语汇的组成部分。汉语方言俗语语料库所收集的语料,包括方言中的谚语、歇后语、惯用语和成语四个组成部分。

在界定俗语范围的过程中,我们注意了以下几个问题。

1.2.1 方言中俗语和民谣的区分

在调查方言俗语的过程中,我们经常会采集到一些较长的语言片段。例如:

(1)走动地里摇哩,到唠地里熬哩,回的时候跑哩,评动工唠闹哩,工分少唠嚷哩。(合作化时某些社员的写照)(万荣)

(2)一妖婆,二妖婆,三个妖婆一伙伙,四个妖婆煮一锅,拿上棍子一圪搅,没有一点人情味。(太谷)

(3)皮底鞋,洋袜子,腰里扁呐_{披着}片夹子,手里撼呐_{拿着}钱褡子,嘴里噙呐狗鸭子。(永济)

(4)一九冬至一阳生,二九天寒冷气生,三九滴水冻成冰,四九天气正寒冷,五九正在九九中,六九头上正打春,七九河开水流冰,八九雁儿来又回春,九九犁牛遍地走,九完天长人送粪。(忻州)

以吕叔湘先生关于俗语"得像一把匕首,不能是丈八长蛇矛"的标准来判断,这些语言片段均为民谣,而不在俗语的范围之内。

1.2.2 方言惯用语和方言词的区分

汉语语汇学理论认为,具有描述性是惯用语的根本属性。方言惯用语是方言语汇中"非二二相承的描述语"。在这一标准的衡量下,"挨头子_{指挨批评(临县)}"是方言惯用语,"挨打虎_{指经常挨打的人(忻州)}"是方言词。下面这些被收入《忻州方言惯用语词典》(张光明主编,上海辞书出版社,2012)的条目,其实都是具有概念性的方言词:

挨刀鬼:指干尽坏事、该被刀斩的人。

扒地虎:比喻身材又矮又粗的人。

白肚皮：比喻能劳动而不劳动，靠剥削过着富裕生活的人。

白毯龛儿：比喻什么事情也干不了的人。

半翻子：指头脑糊涂、领会能力差的人。

半吊子：指带有傻气或楞气的人。

菜包子：比喻无能的人。

醋葫芦：比喻忌妒心很强的妇女。

措炕嘴：比喻乱说乱道的人。

准确区分方言惯用语和方言词，将会进一步推进方言词汇和方言语汇的深化研究。

1.2.3 俗成语是汉语方言俗语的重要组成部分

关于成语性质和范围的讨论，多年来一直没有停歇。汉语语汇学理论认为，在"语"的范围之内，成语是"二二相承的表述语和描述语"。成语可分为两类，一类是雅成语，一类是俗成语。雅成语来源于书面系统，多数来自古代的经典性著作；俗成语来源于古代或现代的口语系统（温端政，2005）。汉语方言俗语的认定，以这一观点为理论基础。

根据方言调查成果来看，方言中通行的成语多数为俗成语。同"雅成语"相比，"俗成语"最大的特点就是口语性和通俗性，在表达上较为直白，结构上更加自由，外延更加宽泛。随着社会的发展和语言的演变，新成语不断出现，俗成语也越来越多，这些群众口头创造的成语通俗易懂、灵活自由，说起来朗朗上口，深受群众喜爱。

"二二相承"的四字形式是成语的最大特点，方言中的俗成语同样具备这一特性。在方言中，有些四字格式含有叠音成分，有些

包含准词缀成分,有些含有衬字,似乎不符合"二二相承"的特性。例如:

圪圪囔囔:形容说话做事不痛快。

圪机三摇:形容走路摇摇晃晃,不稳当。

圪蹴马爬:形容下蹲的姿势,不舒服。

圪里圪渣:指水和饭食中的柴禾皮等渣子。

圪团诿曲:形容地方窄小,不舒展。

忽溜倒腾:形容做事干脆利索。

麻儿圪烦:形容事情烦琐或人心绪不好。

跌倒马爬:形容人走路不稳当。

凉五卜斥:讽刺人做事说话没有分寸。

但是,从方言调查中得知,虽然它们在语法结构上不完全是"二二相承"的,但从口语中的读音来看,它们却都是以"二二相承"的语音节奏来读的,这与非"二二相承"四字格式的惯用语(如"喝西北风")有着明显的区别。从当地人的语感来说,也是把它们当作一个整体结构来对待的,所以我们把这类四字格式都归于俗成语。

在汉语方言中,俗成语占有很大的比例。它们同谚语、歇后语、惯用语、少量的雅成语一起记录了当地人民的生产和生活,是研究方言和民俗的重要资料。这些俗成语,散落在汉语方言的沃土之中,往往被忽略或遗忘。因此,在汉语俗语语料库的建设中,我们把俗成语作为汉语方言俗语的重要组成部分进行采集整理。

关于"俗成语"的名称,学界尚有"四字格""准成语""类成语""准固定语"等不同的称呼。对其性质和范围,也存在不同的看法。这些不同的认识,促使我们在建设方言俗语语料库的过程中,多角度、多侧面进行全方位的考察,以期为进一步深化研究提供丰富翔实的语料。

二 汉语方言俗语语料库建设的意义

2.1 相关语料库的建设

2002年,温端政主持的国家社科基金项目"汉语俗语语料的计算机处理与相关语言学问题研究"批准立项。三年后,我国第一个汉语俗语语料数据库建成。《汉语俗语语料数据库》由"古代经史子集俗语数据库、近代戏剧小说俗语数据库、现代名作俗语数据库、谚语数据库、歇后语数据库、惯用语数据库"六个分库组成。它的建立,为汉语俗语的研究和俗语类工具书的编纂提供了很大的方便,但在这一庞大的俗语数据库中,尚未涉及方言中的大户"方言俗语"。

从方言语料库的建设来看,上海师范大学研制的《汉语方言计算机处理系统》、中国社会科学院语言研究所研制的"现代汉语方言语法语料库"、教育部语言文字应用研究所研制的"北方话基本词汇数据库"等,在方言语料库的建设方面均做了初步探索,为汉语方言的深入研究和数据库的建设提供了宝贵的经验,开辟了新的空间。但是,这些语料库也几乎没有涉及方言中的"语",从而使方言俗语成为俗语研究和方言研究之间的"空白区"。

事实上,有丰富的俗语,是汉语方言的重要特点。初步调查结果表明,有些方言中"语"的条目比词还要多。从《忻州方言俗语大词典》(杨增武主编,上海辞书出版社,2002)来看,在所收的22000个条目中,谚语、歇后语、惯用语和成语的条目之和达到了13000条,占到了总数的57%,超出了该词典收词的数量。

2.2 汉语方言俗语语料库建设的意义

方言是地方文化的组成部分,同时也是方言文化的载体。随着经济全球化的进展,我国的汉语方言开始急速变化,有些已趋于萎缩和衰亡。早在 1981 年,北京大学胡双宝教授就发表文章,提出了关于抢救山西方言资料的建议。此后的 30 余年间,关于抢救方言的呼声一直没有间断,但并没有引起人们足够的重视。2010 年 6 月,上海《社会科学报》刊出了上海师大潘悟云、复旦大学游汝杰、中国社科院语言所麦耘等六位教授的联名文章,认为汉语方言已经到了"岌岌可危"的地步,"抢救日渐衰微的汉语方言,刻不容缓"。他们呼吁:坚持大力推广普通话的基本国策,同时努力采取各种措施保护各地的语言与方言,使中华大地上植根于各种语言、各种方言的多元文化百花齐放、万紫千红。此文在社会上引起了很大的反响,众多学者和有识之士积极响应。2008 年,国家语委在苏州启动了"语言资源有声数据库建设"试点工作,以录音形式保存各地的方言。这标志着国家保护方言的大规模行动正式拉开了帷幕。2011 年 4 月,中国语言资源有声数据库建设试点总结会在南京举行。该课题第一批、第二批 15 个点的试点工作已经完成,第三批、第四批 55 个点的调查和江苏语言资源有声数据库的建设正在进行中。

在抢救方言的庞大工程中,方言俗语的抢救无疑是十分重要的一个方面。建立一个涵盖面广、针对性强、资料丰富、功能强大的大型方言俗语语料数据库,迫在眉睫。它的意义是多方面的。

首先,方言俗语中积淀着方言语音、词汇和语法的许多深层次的语言特点,语料库所收集的活跃在不同方言区民众口中鲜活而生动的俗语,将为汉语方言的进一步深入研究和语汇学的进一步深入研究提供重要的例证。

其次,方言中的俗语从不同角度折射出当地特有的自然环境、生产习俗和浓郁的地方文化。一些方言俗语更直接地反映了当地民众的文化传统和思维方式。如山西方言俗语中大量的农业谚语反映了中原农耕文化的积淀,丰富的商业谚语勾画了晋商的文明特点等。汉语方言俗语语料库如忠实记录这些特点,将成为反映当地生产、生活、文化、经济等方面的"百科全书"。

第三,建成后的方言俗语语料库,将在解决汉语信息处理中的相关问题、提高语类辞书编纂水平以及语文教学、对外文化交流等方面,发挥其巨大的作用。

方言俗语是方言中重要的组成部分。它传承了独特而丰富多彩的地方文化,反映了人民群众集体智慧与实践经验,是各地群众语言艺术的结晶。它长期活跃在人民群众的口语之中,具有很强的感染力和生命力。但是,与方言词汇一样,由于具有和地方经济文化密不可分的关系,它受社会变革的影响更大,它的变化比方言语音、语法的变化更为急剧。在我们的调查中发现,随着社会的变迁和一代人的逝去,许多方言俗语已经消亡,这是不可弥补的损失。全面调查采集汉语方言俗语,记录其基本状况,并用现代科学方法进行整理、加工和有效保存,对保护语言文化资源、传承地方文化优良传统都有着积极的意义。

三 汉语方言俗语语料库的基本框架

3.1 语料的采集

如前所述,语料数据库内容为汉语方言中谚语、歇后语、惯用语和成语。语料来源于两个方面:

1. 书面采集

课题组集中辑录现有方言志、方言词典、地方志、地方文化类丛书等书面材料中的俗语,进行数据化处理。

工作大体分为"集、录、核、分"四个阶段。"集"为搜集,"录"为录入计算机,"核"为对一些不够确实的材料进行必要的核对,"分"为对所有材料进行谚语、歇后语、惯用语和俗成语的甄别与分类。

山西方言俗语数据化处理包括山西省各县市方言志丛书(41种),山西方言词典(5种),山西方言研究丛书(25种),山西省地方志(11种),《中国谚语集成·山西卷》等。

现代汉语方言俗语数据化处理包括:《现代汉语方言大辞典》42种分卷本中的俗语;各大方言区"方言研究"系列著作中的俗语;地方出版社出版物中的方言俗语。

2. 田野调查

选择一些有代表性且较少受到普通话影响的方言点进行重点田野调查。田野调查着重挖掘记录真正具有地方特色的俗语,内容涵盖当地自然人文环境以及民众生产、生活、民俗等各个方面。调查形式多样,对话式、座谈式和随机式交互使用。

初步拟定的调查语目约5000条,分为三类。一类为规定调查条目,约3000条;二类为自选调查条目,约1000条;三类为扩展调查条目,为动态条目,数量不限。有条件的地方,力求进行穷尽性调查。

重点田野调查要求加注国际音标。有条件的调查点,要求留下语音档案。

这项工作带有尝试性质,需要在实践中逐步完善。

3.2 语料库的基本框架

建成后的语料库主要由以下五个分库组成：

1. 汉语方言谚语数据库；
2. 汉语方言歇后语数据库；
3. 汉语方言惯用语数据库；
4. 汉语方言俗成语数据库；
5. 其他语料数据库。

第五库"其他语料数据库"指的是采集语料后经甄别不属于俗语的一些语料，如方言中的谣谚、谜语、体词性固定词组等。这些语料也是研究方言的珍贵资料，不宜随意舍弃，暂时打包库存，以备研究中查找之需。

每一分库中分别包含AB两个子库。A库为有音标数据库；B库为无音标数据库。A库辑录方言志、方言词典、方言研究、方言调查报告中有标音的条目，并包括对重点方言进行田野调查的结果；B库辑录地方志、地方文艺作品、民俗作品中的条目以及A库中尚余的无标音条目。

3.3 语料库的检索

根据成果目标，课题组初步设计了以下六种检索方式：

1. 俗语来源检索；
2. 语目分类检索（谚语、歇后语、惯用语、俗成语、其他）；
3. 语目音序检索；
4. 语目笔画检索；
5. 任意字检索；
6. 音标检索。

检索方式以准确、全面、便捷为整体目标。在数据处理过程中,从语料实际出发,根据需要做必要的调整。

四 余论

4.1 亟待处理的一些技术问题

1. 音标处理

方言俗语语料库与一般俗语语料库不同,国际音标的处理比较复杂。最初我们采用了潘悟云 IpaPanNew 字体和云龙国际音标两个版本的辑录方式,当从 Word 文档转入到 Access、Excel 或其他类型的文档里时,就出现了一些音标无法显示的问题。在检索、排序方面也遇到了障碍。课题组成员和软件程序开发人员正在做相关处理。

2. 难字问题

方言俗语中会有一些电脑字库中找不到的生僻字或方言字,为了保证资料的准确性和全面性,在庞大的语料处理中要对这些生僻字做统一编号后的造字处理。这是一项非常繁复、细致和高难度的工作,对课题组成员来说也是科研素质和能力的考验。

4.2 需要探讨的几个问题

在申请课题之初,我们对一些问题提出了自己的观点:

1. 方言中的"语"不是"词的等价物",以往认为汉语方言中"语"少于"词"的观点不符合语言实际情况。方言俗语是方言学研究的重要内容,与方言词汇的研究同等重要。

2. 方言俗语以相对完整的形式存在于语言生活中,具有更强的"抗变力",它更多地保留了古音特点、古词语和特殊的语法现象。

3. 方言俗语更加直接地承载了方言区民众的文化传统、思维方式和生活习惯,具有更深刻的文化意义。

从这些认识出发,课题组需要对以下问题进行深入探讨:

(1)方言俗语在语音、词汇、语法等方面的特点及成因;

(2)方言俗语在反映当地风土民情、生产生活等方面的文化价值;

(3)不同方言中的俗语在语言特点、认知方式和文化内涵等方面的同异以及其个性差异下的共同规律。

我们的目标是:建立一个内容丰富、材料准确、查找便捷、方便实用的汉语方言俗语语料库,为汉语方言的进一步深入研究,为国家语言文字工作的健康发展和各类工具书的编纂提供全面可靠的数据;同时对一些相关的问题进行探讨,为语汇学这门新学科的发展,贡献我们的微薄之力。

参考文献:

[1] 胡双宝.关于抢救山西方言资料的建议[J].晋阳学刊,1981(1).
[2] 王勤.汉语熟语论[M].济南:山东教育出版社,2006.
[3] 温端政.俗语的性质、范围和分类[A].俗语研究与探索[C].上海:上海辞书出版社,2005.
[4] 温端政."语词分立"和方言语汇研究——重温吕叔湘先生《中国俗语大辞典·序》[J].语文研究,2005(2).

(作者单位:山西省社会科学院语言研究所　太原　030006)

山西长治方言谚语的修辞美学价值

史 素 芬

一 引言

谚语是民间口头文学中的一种语言形式,主要植根于方言之中。汉语方言众多,每种方言都有自己的谚语。它们语义完整,内涵丰富,通俗凝练,用语优美,不仅是创作者审美思想感情的体现,而且能给听者、读者丰富的审美信息,因而具有很高的美学价值,值得研究、探讨。

长治位于山西省东南部的上党盆地。在这片文化积淀深厚的土地上,产生了大量的口头谚语,其内容包括社会生活的方方面面。本文着重从修辞美学角度分析长治方言谚语表现形式上的特点。这里所说的长治方言指的是广义的长治话,即包括长治市城区、郊区、长治县、沁县、长子、壶关、屯留、潞城、平顺、沁源、襄垣、黎城、武乡在内的13个县市区的长治话。所搜集到的谚语,有的也通行于外省外地,这是汉语谚语共性的反映。文章尽可能选取只流传于长治地区的方言谚语来分析。

二 长治方言谚语的修辞美学价值

长治方言谚语不仅反映着人们对生活朴实真挚的理解,同时也折射出生活中的美,具有一定的修辞美学价值。

(一) 韵律美

韵律美是美学的一个基本原则。汉语语音有很突出的特点，押韵、平仄、拟声、谐音等，这些特点用于谚语中，显得优美、动听，具有一种韵律美。在长治方言谚语中，押韵是最常见的修辞表现手法。有的押平声韵，如"冬吃萝卜夏吃姜，不用医生开药方"中的"姜、方"；"白天没事游四方，黑夜熬油补裤裆"中的"方、裆"；"不听老人言，吃亏在眼前"中的"言、前"；"在家靠娘，出门靠墙"中的"娘、墙"。有的押仄声韵，如"东虹圪雷西虹雨，南虹出来卖儿女"中的"雨、女"；"清明前后，安瓜溜豆"中的"后、豆"；"吃药不忌嘴，跑折大夫腿"中的"嘴、腿"；"饱时给一斗，不如饿咾给一口"中的"斗、口"；"不干不净，吃咾没病"中的"净、病"；"吃咾伢都（人家）的嘴软，偷咾伢都的手短"中的"软、短"等。尤其应指出的是，仄声韵中还有不少是押入声韵的。普通话已没有入声了，而长治方言仍保留了收喉塞尾的入声字，它"短促急收藏"的特性，使句子产生了抑扬顿挫、铿锵悦耳的效果。如"过咾清明节，就把晌来歇"中的"节、歇"；"七月七，牛郎织女泪圪滴"中的"七、滴"等。

(二) 对称美

对称是美学的基本原则之一。建筑、绘画、音乐、舞蹈等艺术都讲求对称。对称，也是语言艺术的原则之一。探求语言的对称美，是修辞美学的任务之一。谚语的表现形式同样也追求对称。长治方言谚语的对称美体现在字数相对，意义相反、相对等方面。字数相对的如："听话听音，看人看心""日常事多，夜长梦多""买主买主，衣食父母""宁叫倒咾运，不叫扫咾兴""斧砍木头，鞭打快牛"等，这些都是偶数相对。还有一些是奇数相对的，如"没吃三天素，倒想上西天""一问三不知，神仙也难治""衣少加根带，饭少加把菜""天上下雨地上流,小夫妻吵架不记仇""一人说话满有理,两人说话见高低"等。这些字数相对的谚语灵活多样,又形象地反映了生活。意义相对的如:"在家时时好,出门处处难"。"说的精明话,屙的糊涂屎""学好三年,学坏三天""有理胆壮,没理心慌"。在上述谚语中的"好"和"难","精明"和"糊涂","好"和"坏","胆壮"和"心慌"意义正反相对,富有说服力,更容易说明道理。还有一些是意义相近的,如:"井不掏水不清,理不摆事不明""路不平有人铲,理不平有人管""水流千里归大海,人活百岁终归家"等。这些谚语整齐均衡,产生了形式上的对称美。

从长治方言谚语的表现形式看,有单句、双句,还有三句或四句以上的。双句常运用对偶、对比、回环等修辞方式,使构成形式对仗工整,节奏分明,思想内容鲜明突出,凝练集中。

1. 对偶谚语

对偶,在客观上,源于自然界的对称,在主观上,源于心理学的"联想作用"与美学上"对比""平衡""均匀"的原理。而汉语文字的孤立与平仄之特性,又恰好能满足这种客观现象与主观作用之表达。对偶修辞在谚语中被大量采用。如"娘心操在儿身上,儿心操在石板上""看菜吃饭,量体裁衣""补漏趁天晴,读书趁年轻""打虎要打头,杀鸡要杀喉"等。这些谚语音节整齐,结构匀称,能使人生美的享受。对偶一般分为"严式对偶"和"宽式对偶"两种,长治方言的对偶谚语主要是宽式对偶,只需要同类词相对,意义相关,结构相同或相近,不讲究平仄,不避免同字。从内容上细分,可分为正对、反对、串对等几类:(1)正对,即相类似的事物之间的对偶,语义上相同相近。如"人多心不平,鱼多水不清""没呐(没有)拉不直的绳的(子),没呐改不咾的过错""手是等盘秤,眼是定盘星""山高有攀头,路远有奔头""路不平有人铲,理不平有人管"等谚语,字数相等,结构相同,意义相连,前后两部分互补互衬,都是从两个角度、两个侧面说明同一事理。(2)反对,即相反事物之间的对偶,语义上相反相成,多是通过映衬和对比来突出语义。例如:"穷咾伙计,富咾掌柜""有理走遍天下,没理寸步难行""穷在闹市没人问,富在深山有远亲""双桥好过,独木难行"。这种对偶形式,通过真假、善恶、难易、贫富、得失、祸福等矛盾对立的关系,从正反两个方面来说明问题的实质。它们形式上整齐匀称,声韵和谐,内容上相反相成,对立统一,具有很强的说服力。(3)串对,又叫"流水对",即语义上相连相承,存在着因果、条件、假设等关系。如:"一针不补,十针难缝""前人吃跌,后人把滑""宁绕十步远,不走一步险""门里出身,自会三分"。此类格式的谚语前后相承,读起来朗朗上口,韵味无穷。

2. 对比谚语

对比的谚语大致可以分为两类:(1)两物相对比。如"好事不出门,坏事嚷三村",意思是家有好事没有人传,出了坏事却传得很快。"富家一席饭,穷人半年粮",说明贫富的差距。"为一个人一条路,惹一个人一堵墙",反映了人们的处世之道。还有前面提到的"穷了伙计,富了掌柜""穷在闹市没人问,富在深山有远亲""丰收不忘歉收苦,饱时不忘饥时难"。其他的如:"争的吃不上,让的吃不咾""有甚(什么)不要有病,没甚不要没钱""大河没水小河干,缸里没水锅里干"。(2)一物两面对比。如"有理胆壮,无理心慌","胆壮"和"心慌"都是围绕"理"展开,阐述关于一个"理"的两种心态。"人勤地生宝,人懒地生草","勤"和"懒"是"人"的两面反映。"生宝"和"生草"是"人"的两面反映作用于"地"客体后产生的后果。"人有恒心万事成,人没恒心万事崩",同样的借助"人"的两面反映作用于"事"产生两种结果。"越坐越懒,越吃越馋","懒"和"馋"都属于不良品质,两者对比说明一个道理:要是一味图清闲,讲吃喝,将更"懒"更"馋"。其他如:"百闻不如一见""人好不如命好""好掰不如好散""死要面的(子)活受罪"等。

对比谚语能以鲜明的比较来揭示内理,让人们充分认识事物的本质,从而规范自己的言行举止。

3. 回环谚语

就美学观点而论,回环建立在美学上的简单、自然、反复之美,在形式上,因连续不断,所以给人回环往复的情趣及美感。"成人不自在,自在不成人",这条谚语的意思是:要成为有作为的人,就不能贪图舒适享受,贪图舒适享受,就不能成为有作为的人。用"成人"和"自在"构成回环,揭示了"成人"与"自在"间的对立统一关系,阐明了成就事业必须做出艰苦努力的道理。其他如"响水不开,开水不响""会的不忙,忙的不会""便宜没好货,好货不便宜""人哄地一时,地哄人一年"等。这些回环的谚语,采用变换语序的手段,把词语相同而排列次序不同的语言片段紧紧连在一起,内容上表现出两种事物或情景之间的对立统一关系,形式上表现出和谐、均衡的"反复美"。

(三) 变化美

灵活变化也是美学的基本原则之一。自然界既有整齐也有变化,美之形式中的"规律之中寓变化,变化之中有规律"的艺术基本原理,正是整齐中有变化,变化中有整齐的见证。可见"变化美"和"对称美"均有存在的价值。谚语的表现形式追求对称,但也避免单调、枯燥,力求通过形式的变化,达到最佳的表达效果。

长治方言谚语的灵活变化,主要是通过错综和夸张的修辞方式来实现的。错综侧重于形式的变化,夸张侧重于内容的变化。

1. 错综的谚语

错综的谚语主要以排比的形式来体现。如:"姜辣口,蒜辣心,辣的(子)辣眼睛""桃饱人,杏伤人,李的(子)树下抬死人""吃不穷,穿不穷,打划(计划)不到一辈的(子)穷""新三年,旧三年,补补纳纳又三年""春雾风,夏雾热,秋雾连阴,冬雾雪"。构成这些谚语的几个分句揭示相关相近的事物,但分句的结构有所不同,字数也多少不一,实际是排比中的变化,变化中的排比。

2. 夸张的谚语

运用夸张的谚语可分为两类。一是不借助其他修辞方式而直接扩大和缩小的夸张。如"得一忘二,鼻的(子)拉得丈二""清早圪星(下毛毛细雨),晌午晒死圪羚(松鼠)""夏刮南风海底干,秋刮南风水连天""正月十五雪打灯,一个谷穗打半升"。一是借助于比喻、比拟、借代等修辞方式来扩大或缩小的夸张。如"烂麻拧成绳,也挂千儿八百斤",说明同心协力的重要性。"不见棺材不掉泪,不到黄河不死心",借助类比形象地说明不到彻底的失败不算完。

运用夸张的谚语,由于突出、鲜明地表现某一事物的特点,故意"言过其实",所以渲染了气氛,启发了联想,强调了事物的特征,给人留下深刻的印象。

(四)联系美

联系也是美学的基本原则之一。运用语言反映客观世界和主观世界时,如果联系得合理、自然、巧妙,就能增强语言的感染力,给人留下深刻的印象,获得美的享受。这一点在长治方言谚语中得到了很好的体现。

联系,要借助比喻、借代、比拟等修辞方式。

1. 比喻的谚语

在谚语运用的众多修辞中,比喻是其中最常见的一种。应用比喻,不仅能使谚语有具体可感的形象,而且表达含蓄,产生一种言在此而意在彼,"言近旨远,辞浅意深"的语言表达效果。

如"书生肚,杂货铺""先生改大夫,好比快刀割豆腐""人是铁,饭是钢,一顿不吃饿得慌",这些谚语,结构完整,表述的内容较为鲜明。"知人知面不知心,知山知水不知深",比喻对人的了解不能只看表面。"天下乌鸦一般黑,世上财主一样狠",表明坏人到处都一样。"佛争一炉香,人争一口气",说明人要争气。"上梁不正下梁歪",比喻上级或大人带了不好的头,下面的人或子女就会跟着学。"两人伙穿一条裤的(子)",比喻两人交情好。这些谚语结构上是对称的,意义上是对比或连用的。此外还有一些谚语,它是借助某些客观事物的形象来表达抽象的事理的。例如:"杀鸡不用牛刀",比喻办事不需要大人物动手;"枪打出头鸟",比喻人不可过于显摆自己;"水浅养不住鱼",比喻任何事不能过于勉强;"狗肉丸子,不上盘的(子)",比喻没有正经的学识和本事,上不了大场面。

2. 借代的谚语

长治方言谚语中的借代,通过巧妙的名称替换引起读者的联想,突出事物的特征,具有形象描绘的作用和诙谐幽默的谐趣。

"有眼不识金镶玉","金镶玉"指代有本事的人,用在这里为了说明人们"狗眼看人低"。"捡了芝麻,丢了西瓜","芝麻"指代小事、小便宜,"西瓜"指代大事,意思是人们通常为了蝇头小利而丢弃了一些大的利益。"老手旧胳膊,一个顶俩仨","老手旧胳膊"指代有经验、办事老道的人,这里含有"姜还是老的辣"的意思。"小时偷针,大咯偷金",用"针"和"金"分别指代"小东西"和"贵重东西",告诫人们要教育、规劝后代,避免他们犯大错误。"庄稼(农民)不识货,只拣大的摸","庄稼"指代旧时的农民,意思是农民目光短浅,认为只有大的物体才是最好的。

3. 比拟的谚语

在谚语中运用比拟修辞可以增加叙述的形象性和生动性以及讽刺的意味,可以唤起人们的联想,使人捕捉它的意境,体味它的深意。比拟的谚语可分为两类:

(1)拟人的谚语

"老鼠看仓,看个精光","看仓"本是人的行为,让老鼠有了人的行为,这是拟人。同时也以"老鼠"的本能行为揭示出"老鼠看仓"所导致的恶劣后果。"人勤地不懒,大囤圪堆小囤满","懒"本来是人才有的行为,用来描写地,告诉人们只要勤于耕作,就会有收获,这是把无生命的地当作人来写的拟人。"黄鼠狼做梦也想鸡""狼在梦里想着羊",把人类特有的"梦"的行为加诸动物身上,也是一种拟人。潜在的意思是人时常被自己的夙敌所"惦记"。"牛打江山马败家","打江山"和"败家"也是人的行为,用在"牛"和"马"的身上,形象地描写了两者的行为特征。其他如:"耗的(子)才知道耗的(子)的路",说明各有各的路子。"老耗的(子)存不下隔夜粮",用拟人修辞体现动物的特性。

(2)拟物的谚语

如"见官如见虎",把"官"比作"虎",说明人们对官的看法,也深刻地体现出"官"的本质行为。"人情像把锯,你来他去",把"人情"比作"锯",说明在生活中礼尚往来的必要性。"手是等盘秤,眼是定盘星",用"等盘秤"和"定盘星"来做比,说明人能干。"花开引蝶,树大招风",意思是出头的人总会先惹到麻烦,多用作贬义。"做条蚂蚱腿,不学雀儿嘴","雀儿嘴"能叽叽喳喳,这里用来比喻说闲话,"不学雀儿嘴"在于告诫人们不要传闲话。

三 余论

谚语是先民经验的总结,也是一个民族风土民情与思想信仰的缩影,是一种艺术化的语言。长治方言谚语是人民群众在长期的生活实践中创造出来的,是集体智慧的结晶。然而,长期以来,人们大多注重其文化内涵的分析,很少涉猎谚语修辞美学的研究,可见这是一个亟待开发的研究领域。笔者写这篇文章,只涉及了一部分内容,还有更多的修辞美学理论值得去探讨、挖掘。让我们不断地把这项工作继续下去,让富有表现力的方言谚语尽显它独特的魅力。

(作者单位:长治学院中文系　长治　046011)

《越谚》中的吴语语汇

汪化云　　杜晓文

《越谚》是晚清学者范寅撰写的一部反映越地方言的文献。该书分上、中、下三卷,辑录了一批清代越地的方言语汇,并简释其意义。其中有些语汇和普通话语汇的形式和意义相同,很容易理解;有些则具有鲜明的吴语特色,不大好懂。后者在近代汉语文献中大量存在,且现在仍大多活跃于绍兴方言等吴语之中,在书面语中亦偶见其用例。本文以侯友兰等(2006)的《〈越谚〉点注》(下文括号中所标数字,为其前面的词条出自该书的页码。对于该书释义不确的,将随文做些简析)为依据,将《越谚》所记录的普通话中不常见的语汇分为成语、惯用语、歇后语、谚语四类进行例释,以反映其概貌。文中的举例,标 * 的为现代绍兴方言的口语实例,例中以同音字记录本字未明的或特殊的方言词;例末以括号标明出处的,出自北京大学汉语语言学研究中心语料库(CCL)。

一　成语

成语是一种相沿习用含义丰富且具有书面语色彩的固定短语,具有意义的整体性、结构的凝固性、风格的典雅性等特征(黄伯荣、廖序东,2007)。方言成语由于没有书面语支持,因此其"相沿习用"往往不甚明显,和普通话成语有所不同。但是,其意义的整体性、结构的凝固性和风格的典雅性这三个特征是十分鲜明的。这种成语或称之为"俗成语"(温端政,2005)。本节所要讨论的,正是《越谚》中具有吴语特色的、与普通话中同义成语字形和/或结构不一的俗成语。

(一) 与普通话字形不一、结构和意义相同的成语

这类成语在《越谚》中最为多见。如:

1. 千中拣一(81。普通话作"百里挑一"):形容很优秀、难得的人或物。例:～,只有一枝戳空枪趁手好使。(《何典》)

2. 狐群狗党(98。普通话作"狐朋狗党/狐朋狗友"):比喻勾结在一起的坏人。例:时贼兵虽众,都是～,并无队伍行列。(《三国演义》)

3. 新来晚到(99。普通话作"初来乍到"):刚刚来到一个地方。例:南瓜是～,不知深浅,干教他打了两下,不该叫人看的所在,都叫他看了个分明,含忍了不敢言语。(《醒世姻缘传》)

4. 灯尽油干(51。普通话作"油尽灯枯"):比喻人的精力或者财力消耗一空。例:兼之日夜焦愁,胸中郁闷,一经睡去,精神涣散,就如～,要想气聚神全,如何能够!(《镜花缘》)

(二) 与普通话字形和意义相同、语序不一的成语

5. 满面春风(369。普通话一般作"春风满面"):比喻人喜悦舒畅的表情,形容和蔼愉快的面容。例:纪老三～,一团和气,就置酒相待。(《二刻拍案惊奇》)

6. 不服水土(364。普通话一般作"水土不服"):对于一个地方的气候条件或饮食习惯不能适应。例:贾充奏曰:"吾兵久劳于外,～,必生疾病。宜召军还,再作后图。"(《三国演义》)

(三) 与普通话字形、结构或语序不同而意义相同的成语

7. 云开见日(49。普通话作"拨云见日"):比喻冲破黑暗,见到光明;也比喻消除困惑,思想豁然开朗。例:一时间~,正交未时,太阳当空,万里明净,没有了云也罢,连风也没有了些。(《三宝太监下西洋》)

8. 人惛马悫(46。普通话作"马疲人倦"):形容过度疲劳,精神不济。例:＊捱已经走的一日一夜哉,伊毛头~,还是休息神头再走。(我们已经走了一天一夜,如今~,还是稍微休息一下再上路吧。)

《越谚》还集中介绍了以"当"字结尾的几个成语,如:

9. 大肚郎当(89):原指怀孕妇女因挺着大肚子而行动不便,后比喻因追逐私利反而自作自受,背上沉重的包袱。例:＊侬看,阿侬勤贪夯宿便宜,伊毛头套牢哉,真当是~。(你看,叫你不要贪那点便宜,现在套牢了吧,真是~啊。)

10. 软丁不当(89):形容不稳或不硬。例:＊侬看,葛个竹子拨削的嘎嘎细,驮起来有宿~格感觉。(你看,这竹子被削的那么细,拿起来有些~的感觉。)

11. 随口答当(89):《越谚》原文谓"毫无诚心",不确;当是"随口说说"之意。例:＊伊格话侬勤放达心高头,都是~,随便话话格。(他的话你不要放在心上了,都是~,随便说说的。)

二 惯用语

惯用语是口语中短小定型的习用短语(黄伯荣、廖序东,2007)。同普通话一样,《越谚》中的惯用语以三个字的居多,其结

构亦多为动宾式、主谓式、偏正式。问题是三字格惯用语尤其是其中的偏正式惯用语很像合成词,该如何区别?本文参考黄伯荣、廖序东《现代汉语》的处理方式,给出其特征:惯用语形式简明,形象生动有趣,通俗而口语特色鲜明,字面意义与实际意义存在语义离差;作为大于词的语汇成分,其最重要的形式特征是不完全凝固,中间大多可以插入某些成分(如:讨彩头→讨了个彩头)。以下的三字格惯用语,都具有这些特征。

(一) 动宾式

1. 不二价(42):价格一律,不卖两种价钱,"不"用作动词带宾语。例:近时,有何失字得之,隐居京师,织绢纱为业,售者~。喜赋诗,思致颇不凡。(《砚北杂志》)

2. 讨彩头(89):求得好预兆。例:这不识时务小秃驴!我家官人正去乡试,要~,撞将你这一件秃光光不利市的物事来。(《初刻拍案惊奇》)

3. 有想头(91):《越谚》释为"可徼幸者",侯友兰等仅将"徼幸"用简体字注为"侥幸",疑误;当为"有指望、有奔头"。例:二相公,你在客边,要做些~的事。(《儒林外史》)

(二) 主谓式

4. 天开眼(125):苍天睁开眼睛,形容报应分明。例:董超骂道:"你这财主们闲常一毛不拔。日~,报应得快!你不要怨怅,我们相帮你走。"(《水浒传》)

5. 路路通(239):各条渠道畅通无阻,喻指各方面都能打通关节。例:……变成一个社会公关网中"~"式的人物了。有时一个电话,事情就顺利圆满地解决了。(《激杀》)

6. 眼孔小(363):形容眼界狭小。例:而今人只是~,见他

说得恁地,便道有那至理,只管要去推求。(《朱子语类》)

(三) 偏正式

7.呆木头(91):形容一动不动地发呆。例:我在地上,仰望着那头齐脚开的～,看他还能够像什么,注视了很久,终于让我看出一点道理……(《上山》)

8.回头人(155):再嫁的妇女。例:你有这般好的,与我主张一个,便来说不妨。就是～也好,只要中得我意。(《水浒传》)

9.本色人(146):天真烂漫的人。例:赵州无此语,若是～,直下未相许。(《古尊宿语录》)

有两个ABA结构的惯用语,《汉语大词典》(罗竹风主编,汉语大词典出版社,1997)和《中国惯用语大全》(温端政主编,上海辞书出版社,2004)都没有收录,CCL中没有用例,吴语中也未见使用:彼人彼(143)、前路前(143)。《越谚》均谓之为"一种戏言",未解何意。

此外,多字惯用语《越谚》中也存在一些,如:

10.三蛇六老鼠(27):比喻家家都有。例:*勤看贼,格个东西就好像～,每份人家都有格。(别看了,这东西就如同～,每家都有。)

11.鸡飞狗上屋(29):鸡飞狗跳墙,乱套了。例:*刚刚听到老爷拨流放格消息,全窝格人都惊慌失措,～。(一听到老爷被流放的消息,全家都惊慌失措,～。)

12.三眼六乌珠(83):三双眼睛六个眼珠,比喻有见证的、明明白白的。例:*所谓～,趁大家都来哒格时光,格眭事体就则个定喽来贼,后毛头勿能够辣够。(所谓～,趁大家都在,

201

这件事就这么定了,以后不许反悔。)

三 歇后语

歇后语是由近似谜底和谜面两部分组成的带有隐语性质的口头固定短语(黄伯荣、廖序东,2007)。其前一部分是一个凝练形象的比喻或说明,在表层意义下隐含着实际意义,类似成语;后一部分是一个简短形象的解释,多具有与字面意义不同的深层意义,类似惯用语。这种语汇成分以独特的结构、生动活泼的表现形式和妙趣横生的表达效果而为群众所喜闻乐见(温端政,2005)。《越谚》上卷《讔迷之谚第八》专章介绍了歇后语。其所谓"讔",即廋语、廋词,也就是谜语——如上所述,歇后语就是近似谜语的语汇成分。这里依据一般教科书(黄伯荣、廖序东,2007)的处理方式,将其分为喻意的、谐音的两类来介绍。

(一) 喻意的歇后语

喻意的歇后语,其前一部分是一个比喻,后一部分是对比喻的解释。这种解释本身表达的意义,可以是本义(例1、2、3)或转义(例4、5、6)。这类歇后语在《越谚》中最为多见。

1. 癞子做和尚——刚刚好(72):正好合适。例:*伊馱过来戒指,戴啦无名指高头,哇,勿大勿小,~。(她接过戒指,戴到了无名指上,哇,不大不小,~。)

2. 寿星吃砒霜——活得勿快活(71):不想活了,活得不耐烦了。例:葛种事体侬都敢做,真是~。(这种事你都敢做,真是~。)

3. 门角落头健污——勿图天亮(73):喻做坏事不计后果,但总会被别人发现。健污,拉屎。例:侬真是~。(你真是～。)

4. 温暾水——弗冷弗热(71)：对人的态度不冷淡也不热情，无所谓。例：＊侬则伊话个两句说话，刚则～，贼勿贼还来东生气勒？(你对他说的那几句话，就像～，是不是还在生气啊?)

5. 痖子吃黄连——话弗出苦(71)：有苦说不出。例：＊侬还贼自认倒霉诶贼，每个人驮出来一千块罚金，哎，真当是～。(你还是自认倒霉吧，每人上交一千罚金，哎，真是～。)

6. 狗吃粽子——无得解(71)：没有办法解决(解开)。例：＊小陈则男朋友小黄逼婚，小黄就回答得句：～。(小陈向男朋友小黄逼婚，可小黄只答了一句：～。)

(二) 谐音的歇后语

谐音的歇后语中近似谜底的部分，借助音同或音近的现象表达意思，妙语双关。这类歇后语在《越谚》中相对少些。

7. 肉骨头吹喇叭——昏都都(73)：昏谐音荤，指脑子不清楚，犯浑。例：＊伊叫侬做假账侬就做啊，侬真当是～。(他让你做假账你就做啊，你可真是～。)

8. 癞头婆死老公——无法无天(73)：法谐音发，指不受约束，无法无天。例：＊葛种倒卖军火格事体侬都敢做，真当是～。(这种倒卖军火的事情你都敢做，真可谓～。)

9. 老山人柞柴——实登登(72)：登谐音墩，指老实，诚实。例：＊伊真当是～。(他真是～。)

四 谚语

谚语可分为广狭两类。广义的谚语，包括谚语、惯用语、成语和歇后语。狭义的谚语为非二二相承的表述性的语汇成分,与惯用语、歇后语和成语不同(温端政,2005)。《越谚》中狭义的谚语数量甚多,它来自人们生活经验的总结和社会现象的揭示,含义深刻,具有独特的训诫意义。以下从结构的角度,举例介绍。

(一) 对称结构

所谓对称结构,指构成谚语的两个分句字数相等,结构是整齐对称的,且构成了回环、顶真、对偶等格式。

1. 船挈水,水挈船(55。回环):船和水若辅车相依,喻相互依存。例:*我落念侬贼生意高头格朋友,有～格情意,才出手帮侬,妲想到侬拨我卖了,真当令我伤心。(我念你是生意上的伙伴,有～之谊,才出手相助,没想到你却出卖了我,真令我心寒。)

2. 春霜勿露白,露白要赤脚(63。顶真):农谚,春天霜厚显出白色,必定要下雨。例:*老年人讲"～",侬看一办天佝,明早肯定会落雨格。(老年人说"～",你看这天,明天必定下雨。)

3. 一只手进,一只手出(76。对偶):开支随意,不知节俭。例:*侬刚刚发格工资嘎嘎快就用光贼,真当是～,一索勿晓得节约。(你刚发的工资那么快就用完了,真是～,一点不知道节约。)

4. 呷甜茶,话苦话(119。对偶):范寅谓"此颂人之由贫贱而富贵者"。例:*今早,一家窝里人难得聚东一堆桑,捱～,回忆回忆当年创业格经历。(今天,一家人难得聚在一起,我们～,回忆一下当年创业的经历。)

(二)非对称结构

非对称结构的谚语,即两个不对称的分句构成的谚语。

有的非对称结构的谚语是合音音节造成的,即本来两个分句是对称的结构,由于出现了合音音节,因而不对称了。"胥"和"曼"两个合音字就构成了这样的谚语。

5. 胥(jiù,"只有"的合音)锦上添花,无有雪里送炭(39):慨叹世态炎凉。例:*侬太格天真哉!伊毛格时代,~。伊毛捱窝里头马上要破产哉,妞人会帮捱格。(你太天真了!如今这个时代~。我们家现在濒临破产,没有人会帮我们的。)

6. 曼(jiào,"只要"的合音)铜钱多,巷牌抬过河(77):比喻金钱万能。例:*伊相信"~"格说法,想通过塞钞票来达到不可告人格目的,结果坐牢哉。(他信奉"~"的理念,想要通过贿赂来达到不可告人的目的,结果却锒铛入狱。)

有的非对称结构的谚语是自然形成的:

7. 人勿可貌相,海水弗可斗量(22):不可以以貌取人。例:*真当是"~",妞想到侬一个普普通通格老百姓,有贼噶种本事。(真是"~",没想到你一个普通百姓,竟有如此能耐。)

8. 上等三十三天,下底十八重地狱(60):比喻无所不至。例:*~,我落哒啊里都可以,侬覅看不起我。(~,我可是无所不至,你不要看不起我。)

9. 一个碗弗响,两个碗丁当响(87):比喻矛盾和纠纷不是单方面引起的。例:*~,要不贼侬无缘无故格骂伊,伊那格会打侬呢?(~,要不是你无缘无故地骂他,他怎么会打你呢?)

205

（三）省略形式

省略形式是省略一些成分构成的谚语。这些谚语有点像多字的惯用语，但它是生活经验、社会现象的总结，寓意丰富深刻，而且其完全形式较惯用语的形体长一些，为非二二相承的表述性的语汇成分，所以归入谚语。

10. 做日和尚撞日钟（21）：比喻遇事敷衍，得过且过，"做一日和尚撞一日钟"的省略。例：常言道：～，往后贞节轮不到你身上了。（《金瓶梅词话》）

11. 瓦有翻身之日（20）：比喻从困苦中解脱出来，"瓦也有翻身之日"的省略。例：你休与脱朵延同一般见识，须知～，你不记念先夫也速该情谊，也须怜我母子……（《元史演义》）

12. 想吃天鹅肉（53）：比喻没有自知之明，一心谋求不能得到的东西，"癞蛤蟆想吃天鹅肉"的省略。例：不但是～，并且还心上存着个人财两得的念头，想着要骗他们的钱。（《九尾龟》）

不难看出，《越谚》记录的谚语，很多跟普通话谚语结构相近，仅个别词不同。这里再举几例，以见一斑：留得青山在，不患无柴烧（60。留得青山在，不怕没柴烧）｜远亲弗如近邻（20。远亲不如近邻）｜有眼勿识泰山（119。有眼不识泰山）。

五　结语

《越谚》作为一部别具特色的方言文献，记录了越地吴语丰富的语汇，是当地人民智慧和经验的结晶。从上面的举例不难看出，其中有些语汇成分与普通话相应的成分类似，只是用词稍古朴一些（如：勿识、弗可、不患）；有些则颇具越地地方特色（如：使用合音字"奝"和"胥",农谚)。这些语汇在近代汉语尤其是明清时期的文献中使用比较频繁,由此我们不难看出清代越地语汇与近代汉语的密切联系。梳理《越谚》中的语汇,探讨其与近代汉语语汇的联系,对于研究越地的风俗民情,研究普通话语汇的形成和吴语语汇的流变,显然具有一定的参考价值。

参考文献:

[1] 侯友兰等.《越谚》点注[M].北京:人民出版社,2006.
[2] 黄伯荣,廖序东.现代汉语(增订四版)[M].北京:高等教育出版社,2007.
[3] 温端政.汉语语汇学[M].北京:商务印书馆,2005.

(作者单位:浙江财经大学人文学院　杭州　310018)

《红楼梦》语言宝库中的璀璨明珠

——谈《红楼梦》中的俗语

晁 继 周

《红楼梦》被称作中国封建社会的百科全书,从这部名著中,我们可以获得18世纪中国封建社会晚期政治、经济、文化、社会生活方方面面的知识。《红楼梦》同时也是一座语言的宝库。它成书于现代汉语形成阶段,叙事基本用当时标准的书面语,人物语言则根据人物身份,恰如其分地使用当时的口语,官僚文人阶层文白夹杂的习用语,所引用的大量古代文献典故中又有不同时期的古词语,强调人物地域背景时还会出现耐人寻味的方言词语。在这座蕴涵丰富的语言宝库中,别具一格的俗语不啻为一颗光彩耀目的璀璨明珠。

《红楼梦》中的俗语,包括大量反映人生哲理的谚语、颇具特色的惯用语、新鲜有趣的歇后语,以及浅显上口的俗成语。这些俗语的妥切运用,对于描写人物,表现主题,推进情节发展,起到了很好的作用。

一

《红楼梦》的成功,首先是人物刻画的成功,彻底摆脱了千人一面、万人一腔的人物描写模式。在这方面,俗语的运用起了很大的作用。王熙凤的出场是未见其人先闻其声——一语未了,只听后院中有人笑声,说:"我来迟了,不曾迎接远客!"黛玉纳罕道:"这些人个个皆敛声屏气,恭肃严整如此,这来者系谁,这样放诞无礼?"这个出场已经不同凡响,王熙凤的飞扬跋扈、傲气逼人跃然纸上。读者通过王熙凤的所言所行,越来越深入地了解了她。但不容否认的是,在第六十七回里贾琏的心腹小厮兴儿对尤二姐说的一席话,用一连串俗语,把王熙凤为人秉性刻画得入木三分:"提起我们奶奶来,心里歹毒,口里尖快。""如今连他正经婆婆大太太都嫌了他,说他'雀儿拣着旺处飞,黑母鸡一窝儿,自家的事不管,倒替人家去瞎张罗'。""嘴甜心苦,两面三刀,上头一脸笑,脚下使绊子,明是一盆火,暗是一把刀,都占全了。"

曹雪芹善于通过俗语概括人物性格,也善于通过人物对俗语的运用表现性格。兴儿用一连串俗语描述了王熙凤,而王熙凤对别人的尖刻,对自己的美化,也常常通过运用俗语来表现。第十六回,她是这样评价管家奶奶的:"咱们家所有的这些管家奶奶们,那一位是好缠的?错一点儿他们就笑话打趣,偏一点儿他们就指桑说槐的报怨。'坐山观虎斗','借剑杀人','引风吹火','站干岸儿','推倒油瓶不扶',都是全挂子的武艺。"她又是怎样评价自己的呢?明明是伶牙俐齿,心机过人,却说自己"见识又浅,口角又笨,心肠又直率,人家给个棒槌,我就认作'针'。脸又软,搁不住人给两句好话,心里就慈悲了"。她设好圈套,必欲置尤二姐于死地而后快,却又假装好人,说"少不得我去拆开这鱼头,大家才好"。"拆鱼头"是江南俗语,意思是为成全别人,自己去做麻烦的事。这个俗语的运用,表现出了王熙凤的虚伪和奸诈。贾母的贴身大丫头鸳鸯,是个敢于和恶势力斗争的坚强女性。贾赦要娶她做妾,遭她严辞拒绝。她用了连珠般的俗语,把前来说合此事的嫂子批得无颜以对。当她嫂子说要有"好话"和"喜事"告诉她时,她说:"什么'好话'!宋徽宗的鹰、赵子昂的马,都是好画儿。什么'喜事'!状元痘儿灌的浆儿又满是喜事。"铿锵有力的话语凸显了鸳鸯坚贞不屈的性格。《红楼梦》里有个着墨不多的小人物贾芸,是贾府远房本家,家境寒微,大观园建成后,他买通王熙凤在里面谋了个种树的差事。第二十四回说宝玉夸他"越发出挑了,倒像我儿子",贾琏说:"人家比你大四五岁,就替你做儿子了?"贾芸随口说:"俗语说的,'摇车里的爷爷,拄拐杖的孙孙'。虽然岁数大,山高高不过太阳。只从我父亲没了,这几年也无人照管教导。如若宝叔不嫌侄儿蠢笨,认作儿子,就是我的造化了。""摇车里的爷爷,拄拐杖的孙孙","山高高不过太阳",几句俗语,把贾芸的伶俐乖觉表现得淋漓尽致。

《红楼梦》描写人物的成功,达到闻其声而知其人的程度。在俗语的运用上,也是什么人说什么话,绝不类同。同样一个意思,不同身份的人说出来会用不同的俗语。《红楼梦》描写的贾府,不是封建家族的鼎盛时期,而是它从盛到衰的变化阶段。处于这个特定阶段的封建家族的特点就是外表仍然很兴盛,内里已经入不敷出,甚至捉襟见肘。这样一个特点,曹雪芹通过不同人的口用完全不同的俗语表现出来。一句是有出典的古代俗语:"百足之虫,死而不僵。"这条俗语出现过两次。第一次是第二回冷子兴演说荣国府时,说到贾府如今外面的架子虽未甚倒,内囊却也尽上来了,"古人有云:'百足之虫,死而不僵。'"冷子兴是贾雨村的好友,都城中古董商,引用古语说世道兴衰是恰合身份的。第二次是七十四回因傻大姐误拾绣春囊引发抄检大观园,探春盛怒之下说:"可知这样大族人家,若从外头杀来,一时是杀不死的,这是古人曾说的

'百足之虫,死而不僵',必须先从家里自杀自灭起来,才能一败涂地!"探春是贾府三小姐,既懂诗书,又有理家能力,此时引用这句古语哀叹封建大家族不可挽回的衰败。同样是贾府大家族由兴转衰的事实,在乡村老妪口中完全是另一种表述。第六回刘姥姥一进荣国府,听到王熙凤说贾府如今"外头看着虽是烈烈轰轰的,殊不知大有大的艰难去处"时,说道:"嗳,我也是知道艰难的。但俗语说的:'瘦死的骆驼比马大'凭他怎样,你老拔根寒毛比我们的腰还粗呢!"一连串两个俗语——"瘦死的骆驼比马大"、"你老拔根寒毛比我们的腰还粗呢",既从刘姥姥口里道出了贾府面临衰败的实情,又表现出她的谦卑和对权势者的恭维。

可以看出,在《红楼梦》里,俗语已经不是游离于作品主题和情节之外的附属物,而是与人物刻画、情节发展熔铸为一体的重要组成部分;已经不是为吸引读者眼球起点缀作用的添加剂,而成为作品语言里不可或缺的精华。

二

俗语是民间广泛流行的定型的语句,因其简练生动而为广大人民群众所习用。俗语主要来自人民群众的创造。即使是出自古代典籍的俗语,大多也来源于典籍所处时代的人民大众口语。《红楼梦》中的许多俗语,都可以在元、明、清以来的小说、戏曲中找到,但仍不能就说是出自某部小说或戏曲,因为那很可能是流而不是源。俗语的来源主要在民间,它的创造者是世代说汉语的人民大众。当然我们也不能因此就抹杀古代作品在传承俗语上所起的作用。《红楼梦》的写作受明代市井小说《金瓶梅》的影响是人们公认的,有些俗语明显地来源于《金瓶梅》。《金瓶梅》二十六回,来旺骂西门庆一段,说了"拼着一命剐,便把皇帝打";《红楼梦》六十八回,王熙凤设计挑唆张华状告贾琏时说"拼着一身剐,敢把皇帝拉下马"。《金瓶梅》四十一回,春梅对西门庆说"俺们一个一个只像烧糊了卷子一般";《红楼梦》四十六回,王熙凤说贾琏"就只配我和平儿这一对烧糊了的卷子和他混"。《红楼梦》里这些俗语的引用,都是明显地源于《金瓶梅》的。至于"一不做,二不休""白刀子进去,红刀子出来""情人眼里出西施""吃不了兜着走"等常见俗语,就很难说一定是从某本书里引用来的。

俗语可不可以创造？不能绝对否认。特别是歇后语,无论是知名作家还是民间艺人,都有许许多多创造。我们注意到,《红楼梦》里有些歇后语,是仅见于此书的。《红楼梦》六十五回,尤三姐奚落贾琏说:"你不用和我花马吊嘴的,清水下杂面,你吃我看见。见提着影戏人子上场,好歹别戳破这层纸儿。"这里连着用了一个惯用语和两个歇后语。"花马吊嘴"是老北京的惯用语,陈刚先生的《北京方言词典》里写作"花末掉嘴儿"(也附了"花马吊嘴儿"这个词形),意思是花言巧语,油嘴滑舌。后面的两个歇后语都是仅见(或首见)于《红楼梦》的。这两个歇后语或者是曹雪芹的创造,或者是他对当时百姓间俗语的收集和运用,《红楼梦》之前我们没有见过,现在流行的俗语词典凡收录这两个歇后语的,也都只举这两个例子。三十回里,宝玉趁王夫人午睡,和王夫人的丫头金钏儿说悄悄话,表示要把金钏儿讨到自己身边。金钏儿笑道:"你忙什么!'金簪子掉在井里头,有你的只是有你的',连这句话语难道也不明白？""金簪子掉在井里头,有你的只是有你的"这句歇后语,意思是说该得到的东西总会得到的。后来收录这个歇后语的词典,都是只引这个例句。我们有理由相信,这是曹雪芹自己的创造,因为这个歇后语暗含着此后金钏儿投井自尽的不幸结局,正是这位语言大师的匠心所在。

俗语是流行于人民大众口头的定型的语句。定型,不是说一字不可移易。俗语构成的固定性,远不如成语。有时为了韵律的需要,有时为了表述的需要,作者可以改换俗语中的某些字词,或者可以改换语句的顺序。表达希望落空或前功尽弃的意思时,人们常用"付诸东流"来比喻。三十四回写宝玉遭贾政毒打后,袭人等悉心守候,情语绵绵,宝玉暗想:"我不过挨了几下打,他们一个个就有这些怜惜悲感之态露出,令人可玩可观,可怜可敬。假若我一时竟遭殃横死,他们还不知是何等悲感呢!既是他们这样,我便一时死了,得他们如此,一生事业纵然尽付东流,亦无足叹惜,冥冥之中若不怡然自得,亦可谓糊涂鬼祟矣。"这里用的是"一生事业尽付东流"。五十一回薛宝琴《马嵬怀古》诗:"寂寞脂痕渍汗光,温柔一旦付东洋。只因遗得风流迹,此日衣衾尚有香。"为押韵需要,"付东流"改作"付东洋"。七十回又是薛宝琴在一首《西江月》里,写下"三春事业付东风,明月梅花一梦"的句子,也是为押韵需要,"付东流"在这里又改作"付东风"。为了表达上的需要,曹雪芹常常改动成语或俗语里的一两个字。五十八回写十二个唱戏的女孩子顽皮不服管教,"因文官等一干人或心性高傲,或倚势凌下,或拣衣挑食,或口角锋芒,大概不安分守理者多"。"安分守己"改成"安分守理"。七十九回写薛蟠娶了夏金桂,便不把贴身丫头香菱放在眼里,"薛蟠本是个怜新弃旧的人,且是有酒胆无饭力的,如今得了这样一个妻子,正在新鲜兴头上,凡事未免尽让他些"。"喜新厌旧"改成"怜新弃旧"。"女子无才便是德"是封建社会轻视妇女、禁锢妇女的说教,曹雪芹为了突出李纨之父李守中的封建道德观,让这个金陵名宦说出"女子无才便有德","有"与"无"对举,告诉人们只有"无才"才能"有德"。一字之改,李守中的男尊女卑思想被刻画得入木三分。正是在他的教育下,"这李纨虽青春丧偶,居家处膏粱锦绣之中,竟如槁木死灰一般,一概无见无闻"。

三

俗语多是为广大人民群众所熟悉的,但要真的读懂《红楼梦》中的俗语,体味作者的匠心所在,还是要下一番功夫的。我们举三个例子来说明问题。

贾府里有个老仆焦大,曾救过贾家太爷的命,恃功傲主。第七回写焦大一次酒后大骂贾蓉等人:"不是焦大一个人,你们就做官儿享荣华受富贵?你祖宗九死一生挣下这家业,到如今了,不报我的恩,反和我充起主子来了。不和我说别的还可,若再说别的,咱们红刀子进去白刀子出来!""红刀子进去白刀子出来",是甲戌、己卯、庚辰等版本的写法。这三个版本是《红楼梦》最早的抄本,分别是公历1754年、1759年、1760年的版本,其中庚辰本保留回数最全(共七十八回)。这三个版本流传时,曹雪芹还在世,可见其最接近原著。高鹗校订并续写《红楼梦》时,对前八十回多有改动,"红刀子进去白刀子出来"这句话,在程高本中就成了"白刀子进去红刀子出来"这样一句语序正常的话。殊不知,这恰是一个弄巧成拙的妄改。焦大说此话时,一是年高,二是醉酒,把一句常用俗语说颠倒了,是曹雪芹有意而为。一句颠倒了的俗语,使焦大的醉态跃然纸上。

刘姥姥是贾府的一门穷亲戚。她质朴憨厚,为了得到贾家的帮补,有时要说一些有趣的话讨主人的高兴。四十回在陪贾母等人用餐时,刘姥姥按鸳鸯的安排动筷子之前站起身说了一套顺口溜:"老刘老刘,食量大似牛,吃一个老母猪不抬头。"这朗朗上口的一段顺口溜,看似很好懂,实际上很多人并没有真正读懂。问题出在最后一句,"吃个老母猪不抬头"究竟该如何理解。一般的理解是刘姥姥自称饭量很大,能吃掉一头老母猪,连头也不抬。这样说的根据是,1957年人民文学出版社出的《红楼梦》(前八十回以程乙本为底本),断句就是这样的:"老刘老刘,食量大如牛,吃个老母猪,不抬头。"此外,有两个《红楼梦》的英文译本,翻译出的英文也是这样理解的。

My name is Liu,

I'm a trencherman true;

I can eat a whole sow,

With her little pigs too.

我的名字叫刘,

我的饭量特别大;

我可以吃下一整头母猪,

还有它的小猪。

Ole woman Liu, I vow,

Eats more than any cow;

And down she settles now,

To gobble an enormous sow.

我刘老太婆发誓,

我吃得比牛还多;

我要是专心吃起来,

215

可以吞掉一整头母猪!

"吃个老母猪不抬头",正确的理解应该是,"个"后面的内容是"吃"的补语。老母猪吃食的时候,嘴巴插在食槽里一个劲地吞咽,头也不抬。"老母猪不抬头"是形容刘姥姥贪吃的样子。

六十九回写尤二姐遭王熙凤暗算吞金自尽后,贾琏为给尤二姐办理丧事向王熙凤要银子。王熙凤说:"什么银子?家里近来艰难,你还不知道?咱们的月例,一月赶不上一月,鸡儿吃了过年粮。""鸡儿吃了过年粮"是一句惯用语,有几部俗语词典都收了,注解为"比喻经济上出现超支"(上海辞书出版社《中国俗语大辞典》),"喻收入抵不上支出,预先借支"(东方出版中心《中国俗语》)。对不对呢?对。到位不到位呢?不够到位。"鸡儿"谐"今儿"的音。"鸡"和"今"本不同音,儿化后同音了,"今儿"就是今天。"过年"不是过春节,在北京话里,"过年"是明年的意思。"鸡儿吃了过年粮",意思是"今天吃了明年的粮食",这样,"超支""预先借支"的意思不就都出来了吗?曹雪芹笔下的俗语,巧妙地利用口语词和方言词,并运用儿化后同音双关等手法,可谓天衣无缝,炉火纯青。

(作者单位:中国社会科学院语言研究所 北京 100732)

从部分佛教惯用语看《分别功德论》的翻译年代[*]

方 一 新

一

《分别功德论》,原作《分别功德经》,五卷[①],失译者名,传世《大藏经》均作"失译",附"后汉录"。关于《分别功德论》的译者和年代,大致有以下四说:

一是题署"失译"(译者年代不详)。以南朝梁僧祐《出三藏记集》为代表,隋法经等《众经目录》、隋彦琮《众经目录》、唐静泰《众经目录》、唐道宣《大唐内典录》等属之。

二是作"西晋竺法护译",唐明佺等《大周刊定众经目录》倡此说,受到唐智升的反对。

三是作"后汉安世高译",隋费长房《历代三宝纪》首倡此说,唐智升《开元释教录》、唐圆照《贞元新定释教目录》等属之。

四是认为与《增一阿含经》为同一译者,唐智升《开元释教录》自注倡此说。

传世大藏经题署通行第三说,今各本《大藏经》,包括《大正藏》《中华藏》《碛砂藏》等,均作"失译附后汉录"。

---

[*] 本文初稿完成后,蒙高列过教授指正并补充例证,特致谢忱。

而从语言学的角度看,《分别功德论》不像是后汉人翻译的佛典,笔者已经发表过文章进行讨论。兹再从该经所见的佛教惯用语的角度略做考述如下,以就正于博雅。

二

《分别功德论》中有一些惯用语与词组,可藉以略窥该经翻译年代的某些痕迹。

(1)诸恶莫作,诸善奉行,自净其意

卷二:"应闻偈得解者,法即上章。诸恶莫作,诸善奉行,自净其意——是诸佛教法也。"(25/34/c)[②]

"诸恶莫作,诸善奉行,自净其意"是中古佛经习见之语,但其使用年代当在魏晋以后,东汉译经尚未见到。

较早出现用例的是三国译经,如:

三国吴维祇难等译《法句经》卷下:"诸恶莫作,诸善奉行,自净其意,是诸佛教。"(4/567/b)

以"诸恶莫作,诸善奉行,自净其意,是诸佛教"这样形式出现的四句,在中古多种译经中都出现了。[③]

姚秦佛陀耶舍共竺佛念等译《四分律》卷一一:"诸恶莫作,诸善奉行,自净其意,是诸佛教。"(22/639/a)

后秦鸠摩罗什译《大智度论》卷一八:"诸恶莫作,诸善奉行,自净其意,是诸佛教。"(25/192/b)

也有在"诸恶莫作"等句下解释的,如:

苻秦僧伽提婆共竺佛念译《阿毘昙八犍度论》卷一:"'诸恶莫作'此一句,'诸善奉行'此二句,'自净其意'此三句,'是诸佛教'此四句。如是句义满记彼此业,是谓句身。"(26/774/b)

也有只说上句的,如:

> 姚秦竺佛念译《出曜经》卷一四:"集说戒时,诸恶莫作,广说如契经。"(4/684/a)

总之,"诸恶莫作,诸善奉行"及相关的表述形式,都见于三国以来译经,故《分别功德论》非东汉所译,当无疑义。

(2) 无处不有

> 卷二:"答曰:'法虽微妙,无能知者。犹若地中伏藏珍宝,无处不有。'"(25/36/a)

"无处不有",翻译佛经多见。从文献用例来看,这一说法,最早见于东晋时期的译经,如:

> 苻秦昙摩难提译《增壹阿含经》卷四六:"尔时,象舍利弗着衣持钵,入城乞食。时有梵志,便生斯念:此诸释种子,无处不有,无处不遍。"(2/796/b)

> 东晋佛驮跋陀罗译《大方广佛华严经》卷三五:"一切众生心中,亦复如是:无量无边,无处不有,不可破坏,不可思议。"(9/627/b)

> 后秦鸠摩罗什译《妙法莲华经》卷二:"出入息利,乃遍他国,商估贾人,无处不有。"(9/17/c)

> 北凉昙无谶译《大般涅盘经》卷二二:"有常之法,遍一切处。犹如虚空,无处不有。"(12/495/b)

南北朝、唐宋也沿用不替,如:

> 刘宋佛陀什共竺道生等译《弥沙塞部和醯五分律》卷五:"便多乞三色毛,自作使人作,于所住处,无处不有。"(22/35/b)

由此可见"无处不有"的使用年代。

(3)非真非有

卷二:"四慧所滞,一切皆空,亦复无常,喻若幻化,非真非有。"(25/35a)

非真非有,佛典惯用之语,指虚无幻灭之事。东汉译经尚未见到,始见于三国以来译经,如:

三国吴支谦译《维摩诘经》卷上:"菩萨若病,当作是观。如我此病,非真非有。亦是众人,非真非有。"(14/526/b)

后秦竺佛念译《出曜经》卷五:"有目之士,观放逸行,非真非有,不可恃怙。"(4/637/c)

后秦竺佛念译《最胜问菩萨十住除垢断结经》卷五:"先当分别解空无相愿,达知无常,非真非有。"(10/1000/b)

后秦鸠摩罗什译《维摩诘所说经》卷中:"彼有疾,菩萨应复作是念:如我此病,非真非有;众生病,亦非真非有。"(14/545/a)

隋唐及宋元佛典中也有用例,兹不赘举。

(4)殊途同归

卷二:"一法亦断结,四法亦断结,俱至涅盘,殊途同归耳。"(25/33/c)又卷三:"或因息以悟,或分别解了,或头陀守节,或多闻强记,或神足识微,或揩或训悟——所谓殊途而同归也。"(25/39/a)

途,亦作"涂"。"殊途/涂同归",本谓由不同途径达到同一目的地。后以喻采用不同方法得到相同结果。语本《易·系辞下》"天下同归而殊涂"。较早用例见于三国时期,如:

三国魏陈群《奏定历》:"皆综尽典理,殊涂同归。"

汉译佛经仅《分别功德论》有用例,中土佛教典籍用例颇

多,如:

> 南朝梁释僧佑《弘明集》卷十一《高明二法师答李交州淼难佛不见形事》:"问:'今佛事,其焉在乎?''低首合掌,莫非佛事。但令深悟有方,殊途同归耳。'"(52/71/a)又卷七朱昭之《难顾道士夷夏论》:"昔应吉甫齐孔老于前,吾贤又均李释于后。万世之殊涂同归于一朝,历代之疑争怡然。"(52/43/a)

> 唐释道宣《广弘明集》卷二十二隋炀帝《宝台经藏愿文》:"犹如问孝问仁,孔酬虽别;治身治国,老意无乖。殊途同归,一致百虑。"(52/257/c)

也作"殊涂同归",涂、途古今字。较早见于《宋书·律历志中》载三国魏陈群《奏定历》:"皆综尽典理,殊涂同归。"南朝梁僧佑撰《弘明集》卷七朱昭之《难顾道士夷夏论》:

> "昔应吉甫齐孔老于前,吾贤又均李释于后。万世之殊涂同归于一朝,历代之疑争怡然。"(52/43/a)

(5)体中何如

> 卷二:"过七日后起,至梵志前,弹指觉曰:'同伴,体中何如也?'"(25/36c)

"体中何如"是南北朝时期信札惯用的问候语,汉译佛经仅此一例而已。中土文献亦有多例,南朝陈徐陵,在文章(主要是书信)中就多次用到此问候语,如:

南朝陈徐陵《在北齐与宗室书》:"天明和煦,体中何如?"又《与王吴郡僧智书》:"白露方溥,体中何如?愿闻康胜。"又《答族人梁东海太守长孺书》:"素秋方届,溽暑稍阑,体中何如?"

北齐颜之推《颜氏家训·勉学》:"谚云:上车不落则著作,体中何如则秘书。"《隋书·经籍志二》"谚"前有"梁世"二字。

中土佛教典籍也有用例,如:

南朝梁慧皎撰《高僧传》卷六《释僧肇》:"遗民乃致书肇曰:'顷飡徽问,有怀遥仰,岁末寒严,体中何如?'"(50/365/a)

隋灌顶纂《国清百录》卷二《陈左仆射徐陵书》:"蒙三月二十日旨,用慰积岁,倾心麦冷,体中何如?"(46/801/a)

唐释道宣撰《广弘明集》卷二八载梁王筠《与长沙王别书》:"筠顿首顿首:高秋凄爽,体中何如?愿比胜约。"(52/326/c)

由此可见,《分别功德论》的翻译年代有可能晚至南北朝。

(6)面如桃花色/口如含丹

卷二:"便生想念:此发如是,人必妙好,面如桃花色。眼如明珠。鼻如截筒。口如含丹。眉如蛐蜓。"(25/37/a)

这几句形容女子的美貌,其中"面如桃花色""口如含丹"颇可注意。[4]

以"桃花(华)"形容人容貌姣好(多形容年轻女子、婴儿和菩萨),通常是"(N)如桃华(色)",东汉译经尚未见到,最早的是三国时期的用例(仅1例):

三国吴支谦译《须摩提女经》:"是时阿那邠邸有女名修摩提,颜貌端正,如桃华色,世之稀有。"(2/837/c)

东晋十六国以后用例渐多:

符秦昙摩难提译《增壹阿含经》卷二〇:"有四玉女,颜貌端政,面如桃华。"(2/650/b)

姚秦竺佛念译《出曜经》卷三:"未经旬月,便生一息。端正无双,世之稀有,面如桃华,众相具足。"(4/624/a)又卷二三:"遥见菩萨在树下坐,颜貌端正,如桃华色。"(4/731/a)

也作"(N)如桃花",用例较少:

西晋竺法护译《正法华经》卷八:"身体完具,姿颜端正,色如桃花,人所爱敬。"(9/118/b)

姚秦竺佛念译《菩萨从兜术天降神母胎说广普经》卷七:"生女端正……面如桃花色。口出言气,如优钵莲花香。"(12/1051/b)

与此相似,"口如含丹",谓红唇,用以形容女子年轻,面容姣好。

大英博物馆藏敦煌本后秦鸠摩罗什译《妙法莲华经》卷一:"(帝释)身色净好,端政无双,头发绀青,目如明星,鼻如截铜,口如含丹。"(85/1429/a)这一例各刻本《妙法莲华经》未见。

晋葛洪《神仙传》卷四"太阳女"条:"年二百八十岁,色如桃花,口如含丹,肌肤充泽,眉鬓如画,有如十七八者也。"

也用于形容男子,如:

南朝梁元帝《金楼子》卷三:"遥光美风姿,眉目如画,髮鬢若点漆,隆準,口如含丹。"

综上所述,《分别功德论》所体现出的佛教惯用语上出现了一些两晋南北朝时期的语言现象,与可靠的东汉译经颇有差异,因此,可以推定:该经当不是东汉人所译,其翻译年代应该在西晋以后。

附注:

① 关于是经的卷数,现《大正藏》该经卷末云:"按此论丹藏为三卷,《开元录》云四卷,而注云或三卷或五卷者,但分卷有异耳,文无增减焉。"

② 本文所引佛经均依据《大正藏》，括号内的数字分别是卷、页、栏，下同。

③ 如苻秦昙摩难提译《增壹阿含经》卷一、姚秦竺佛念译《出曜经》卷二五、北凉昙无谶译《大般涅盘经》卷十五、东晋佛陀跋陀罗共法显译《摩诃僧祇律》卷三〇。

④ 将"面如桃花色"列入考察对象，系高列过教授的建议，谨此致谢。

(作者单位:浙江大学汉语史研究中心　杭州　310028)

从俗谚看敦煌变文的民间文学特色及其口语化特征

李 倩

俗谚作为一种语汇,是活跃在人们口头的语言形式,其内容与形式都是起自民间,影响民间,甚至其本身即被认为是"是民间文学的一宗宝贵的文学遗产"。[①]敦煌变文被认为是中国早期民间文学的典范,从语言形式到思想内容互相契合,成为一种新型文学样式的先行者。本文从敦煌变文中辑得近百条俗谚,试图从这一角度考察敦煌变文的民间文学特色及其口语化特征。

一 敦煌变文中俗谚使用情况分析

"敦煌变文"发现自敦煌遗书,被认为是我国唐五代时期一批说唱文学作品,后为学者收录为一编,供学界研究之用。这些作品"源于民间、记以口语"(姜亮夫),具有共同的口头性特点,因而对我国古代民间文学、俗文学研究具有重要的研究价值。

相比于传世文学作品,敦煌变文对俗谚使用较多,在一些篇章中使用极为密集,以下短短的一段话中即包含四条俗谚。

> 须达启言:"丈人!<u>一手可能独拍?两手相击始鸣</u>。<u>一言可以丧邦</u>,差失在毫厘之内。古者<u>一言许诺,重千金而不移</u>;<u>出言易于返(反)掌,收气难于拔山</u>,岂有先言而不扶(符)于后语!太子出榜,自道卖园,及其折榜平章,即言不卖。"(《降魔

变文》)

分析可知,第一条以反问语气强调,第二条直接摆明道理,后两条则抬出"古者"的大架子,四条俗谚排列在一起,试图以此阐明"言出必行"的道理。可见,俗谚使用的目的在于向人宣讲道理,这种道理通常是容易推知或前人总结得出的。早期民间文学作品的一个重要功能即是寓教于乐,变文作为此类讲唱文学作品,既需要向听众阐明道理,又要能够引起听众足够的兴趣,俗谚因此成为变文作品经常使用的一种语言手段。

温端政把谚语定义为:"非二二相承的表述语"和"以传授知识为目的的俗语"。参照这一定义,我们以《敦煌变文校注》为语料,不计重复,考察共得88条俗谚。所出篇目及分布如下:(1)《伍子胥变文》13条;(2)《捉季布传文》3条;(3)《李陵变文》6条;(4)《王昭君变文》3条;(5)《张淮深变文》1条;(6)《韩朋赋》6条;(7)《秋胡变文》4条;(8)《前汉刘家太子传》1条;(9)《庐山远公话》7条;(10)《韩擒虎话本》2条;(11)《晏子赋》1条;(12)《燕子赋(一)》7条;(13)《燕子赋(二)》7条;(14)《茶酒论》2条;(15)《悉达太子修道因缘》3条;(16)《维摩诘经讲经文(四)》2条;(17)《降魔变文》17条;(18)《父母恩重经讲经文(一)》1条;(19)《目莲缘起》1条;(20)《解座文汇抄》1条。

根据学界的研究,"敦煌变文"作为出土文献文学作品的一类统称,作为唐代民间文学作品的一种类型,其内部存在着不同类别。[②]从内容来看,有些演绎佛经故事,有些演绎古代历史故事、民间传说和当代人物。这样,我们可以把变文分为两类,一类是非宗教性的民间创作作品,如篇目(1)—(14);一类是宗教性的讲经文、故事等,如篇目(15)—(20)。从俗谚使用数量来看,前一类共计

63条,后一类共计25条。可见,非宗教性民间创作更多地反映了民间创作特点,较多使用俗谚,从而贴近民间,贴近生活。

伏俊琏指出,变文的发展变化具有阶段性:"二位先生(王重民、潘重规)都承认变文发展的三个阶段,在第一阶段上谓之讲经文,第二阶段即一般论者所说的变文,第三阶段的无唱只说的话本,已经脱离'变文'而别树一枝了。"并且,潘先生进一步认为:"《变文集》中利用传、记、诗、赋、书、论、词、话等中国固有文体,以讲唱风格完成的作品,应该都可以叫做变文。"我们根据《敦煌变文校注》篇目对应变文的发展阶段,可以发现,以讲经文为题,出现俗谚的篇目仅有(16)和(18),可见变文的早期体裁因为演绎佛经故事的需要在语言使用上与成熟变文体裁存在差异。

从形式上看,变文作品有韵文、有散文,韵文可以进行演唱,散文则用于叙述,因而更多的作品则是韵散结合,便于说唱表演。因为句式、字数、用韵上的限制,俗谚更多只能出现在散文叙述当中。而一句俗谚如果在韵文中出现,则只能保留其内容,而失去相对固定的语言形式。如:

十指虽然长与短,个个从头试咬看。(《金刚丑女因缘》)

人身不久如灯炎,世事浮空似云遮。(同上)

综合以上认识,我们有理由认为,俗谚使用从一个侧面展示了变文体裁的兴起演变,其内容越接近民众,越为民众所喜闻乐见,其语言形式也越通俗。民间文学本就是为一般平民准备的娱乐盛宴,其语言从内容到形式,自然要贴近民众,表现他们的思想、信仰、愿望、态度、风俗习惯与常识,俗谚正是这种语言最集中的代表。甚至民间文学作品中的俗谚本身即被民众视为至理名言,奉为金科玉律。民间文学作品也通过俗谚中的思想观念发挥重要影响。

二 敦煌变文中俗谚的思想内容

俗谚经常是一般民众得到的深刻思想认识,是人们生活经验、社会经验的总结和概括。俗谚中的思想内容与时代有着密切的关系,从俗谚提供的思想观念,我们能够窥见一个时代的民间思想状态。

(一) 从思想内容来看,变文中俗谚的使用,包括以下四类:

1. 由自然知识联想而来的社会经验

慈乌有返哺之报恩,羊羔有跪母之酬谢,牛怀舐犊之情,母子宁不眷恋!(《秋胡变文》)

失时不种,禾豆不滋。万物吐化,不违天时。久不相见,心中存思。(《韩朋赋》)

姜因地而生,不因地而辛;女因媒而嫁,不因媒而亲。(《前汉刘家太子传》)

2. 生产、生活经验总结

唇疏齿露,水涸船停。(《降魔变文》)

断弦犹可续,情去意实难留。(《伍子胥变文》)

久住人憎贱,希来见喜欢。(《燕子赋(二)》)

3. 社会经验总结

佞臣破六国,佞妇斗六亲。(《降魔变文》)

官不容针,私可容车。(《燕子赋(一)》)

千世时君,万世乡里,好即同荣,恶即同耻。(《李陵变文》)

4. 战争经验总结

败军之将,不可语勇;亡躯大夫,不可图存。(《李陵变文》)

蛇无头不行,鸟无翼不飏,军无将不战,兵无粮不存。(《李陵变文》)

从这些思想内容可以看出,人们积累了广泛的生活、社会经验,在没有科学思想和坚定信仰指导下,人们的生活多是依据民众间流传的一般道理来生活的。变文故事涉及了广泛的社会生活,从中反映出广泛的思想认识。

(二)从思想来源来看,敦煌变文中俗谚的思想内容具有双重性。

1.汉文化经典思想和民间思想

(1)植根于中国传统思想,很多条目语本传统思想经典。当然,经过长时间的反复使用,这些思想也已深入民间,成为民间思想的一个重要组成部分,以致不需要追寻这些思想内容的具体来源。

皮既不存,毛复何依?(《李陵变文》)

语本《左传·僖公十四年》:"皮之不存,毛将安傅?"比喻事物失去了基础,必将难以生存。

爱之欲求生,恶之欲求死。(《王昭君变文》)

语本《论语·颜渊》:"爱之欲其生,恶之欲其死,既欲其生,又欲其死,是惑也。"指对人爱憎的极端态度。

(2)这类内容不涉及人世的大是大非,并不需要深刻的思想论证,而由生活经验总结得到。

男儿十四五,莫共酒家亲。(《茶酒论》)

宁值十狼九虎,莫逢痴儿一怒。(《燕子赋(一)》)

2.佛教思想

敦煌变文中带有宗教色彩的故事,更多体现了宗教文学的特征和思想观念,其中形成的一些俗谚反映了佛教的思想观念。

峻山却生毒药,淤泥之中乃生莲花。(《庐山远公话》)

本例意在强调恶劣环境虽同,但得到的结果却不同。其中"莲花"之喻常出现在佛经中,《中华佛教百科全书》"莲华"条:"莲华出污泥而不染,清净微妙,因此诸经论中常以之为譬喻","《文殊师利净律经·道门品》云:'人心本净,纵处秽浊则无瑕疵,犹如日明不与冥合,亦如莲花不泥尘之所沾污。'"正用莲花为喻,阐明佛理。在佛经传播过程中,汉族信众也逐渐认识并喜欢上莲花,最为有名的周敦颐《爱莲说》中"出淤泥而不染"之句正与佛教观念同。由此观念产生一些俗谚,与佛教思想传播有关。

自作自受,非天与人。(《目莲缘起》)

自身作罪自身悲。(《悉达太子修道因缘》)

《俗语佛源》(上海人民出版社,1993)"自作自受"条:"《妙法圣念处经》谓'业果善不善,所作受决定;自作自缠缚,如蚕等无异'。《楞严经》卷八亦谓:'自妄所招,还自来受。'这里表达了佛教的一个基本观点,即众生一切苦乐、违顺等果报,都是自己善恶业力所感招的,所谓'自因自果,自作自受'。佛教不承认外在的主宰(如造物主)能降祸赐福。由此衍为'自作自受'。"

陆永峰指出:"变文具有着宗教文学和民间文学的双重身份,这种双重性决定了它精神内涵上民间思想和宗教观念常交融一处。"而同时种种宗教观念在佛教的传播过程中深入民间,"经过了有意无意的改造,融入了凡夫俗子的价值判断和心灵诉求,使之更为贴近百姓的生活和心灵"。无论是哪种思想只要能够给予人们生活信念,思想启迪,人们就会把这些思想纳入民间思想体系中发挥作用,这是民间思想的一个特点。

当然,从俗谚数量来看,宗教故事和讲经文作品使用数量没有非宗教作品多,而与佛教思想有渊源的俗谚在数量上更是很少,这应该从一个侧面说明,敦煌变文俗谚仍然是根植于汉语和汉文化传统。虽然佛教思想已经深入民间,但佛源俗谚在产生和使用上带有很大的局限性。

而另一方面可以看到,佛经在传播过程中的改头换面,加入了许多"中国化"的内容,使得汉文化思想渗入佛教的传经布道。值得注意的一个例子是《降魔变文》,这篇作品所演绎的虽为佛经故事,宣扬佛教思想,却是使用俗谚最多的作品。我们认为这与其对佛经故事化、通俗化的再创作密切相关。从体裁和内容上看,《降魔变文》与佛教原典、讲经文等相去甚远,在情节上增加了中国化的故事内容,可以看作对佛经故事文学化的再创作。而其中俗谚的思想内容和形式,在前代和后代的文献中无不可以找出其汉语和汉文化的渊源。

(三)从俗谚的思想内容中,我们可以清楚地感受到当时人们所持有的思想信念。这些信念成为一般民众所信奉的金科玉律,成为民间文学所着重宣扬的道德准则。

1. 忠孝观念

　　屋无强梁,必当颓毁;墙无好土,不久即崩;国无忠臣,如何不坏?(《伍子胥变文》)

　　积谷防饥,养子备老。(《父母恩重经讲经文》)

　　家依长子,国仗忠臣。(《降魔变文》)

2. 报应观念

　　行善获福,行恶得殃。(《韩朋赋》)

　　人发善愿,天必从之;人发恶愿,天必除之。(《庐山远公话》)

231

3. 互助思想

四海尽为兄弟,何况更同臭味。(《燕子赋(一)》)

船水相依,邻舟共济。(《降魔变文》)

4. 重义思想

一言许诺重,千金而不移。(《降魔变文》)

钱财如粪土,人义重于山。(《燕子赋(二)》)

君子不欺暗室。(《庐山远公话》)

三 敦煌变文中俗谚的语言形式

变文中俗谚条目既有历史继承而来的,也有较早出现在变文作品中的。一些只出现在变文作品,或源头只可以追溯到变文作品的俗谚条目,更多带有当时口语化特征。

1. 用词用字

人急烧香,狗急蓦墙。(《燕子赋(一)》)[③]

"蓦",《说文》:"蓦,上马也。"引申有跨越义,如《伍子胥变文》有"登山蓦岭"(P3),《王昭君变文》有"蓦水频过及敕戌"(P156),"狗急蓦墙"义为狗在逼急之下可以跨越高墙。从敦煌变文来看,"蓦"应为当时常语。此谚语后代多有语言变体,"人急悬梁,狗急缘墙"(《三宝太监西洋记》九七回),又"人急造反,狗急跳墙"(《红楼梦》二七回)其中"缘""跳"与"蓦"同义。

高声定无理,不假觜头喧。(《燕子赋(二)》)

"觜"本义专指鸟口,俗作"嘴",唐代之后才可用来指人的口。敦煌变文《齖䶪新妇文》:"阿婆嗔着,终不合觜。""合觜"指吵架。(P1216)又《王梵志诗》第37首"世间慵懒人"诗:"出语觜头高,诈作达官子。"《燕子赋》中虽是燕雀鸟儿吵架,但以拟人的口气讲述,此处"觜头"应可理解为双关。"觜头"表口义,当为唐代口语词。④

> 一人判死,百人不敌,百若齐心,横行天下。(《伍子胥变文》)

"判死"实即"拼死"之义。张相《诗词曲语辞汇释》卷五:"判,割舍之辞;亦甘愿之辞。自宋以后多用挤字或拚(后作拼)字,而唐人则多用判字……然其本字实本作拌。"据张相所论,在此一义上,"判"当为唐代常用字。

2.语法

> 一虎虽然猛,不如众狗强。(《燕子赋(二)》)

"虽然"在这里为复合连词,是近代汉语新兴用法。上古汉语中,"虽"和"然"经常连用,但是两个词。杨伯峻、何乐士指出:"到了近代汉语里,'然'的'如此'意逐步消失,'虽然'演变为只表'虽'义的复音连词。"

> 本拟将身看,却被看人看。(《燕子赋(二)》)

根据杨伯峻、何乐士的研究,带"被"字标记的被动句虽起于战国末,汉代普遍使用,但"被·宾·动""这种被动句式起源在两晋,而盛行于唐,自唐以后逐渐成为被动句中的主要句式。""却被看人看"句即为"被·宾·动"句式,此句语法反映了当时口语状态。

四 敦煌变文俗谚的溯源意义

"敦煌俗文学作品……的汉语史价值……是巨大的。这同样表现在我们因此而了解到宋元以后通俗文学语言的一个直势头来源,否则我们不会知道体现在话本、诸宫调、元曲、明清白话小说里的异常丰富的口语文学词汇是怎样来的。"变文中俗谚作为唐代民间文学语言的一个直接体现,有些条目具有始源意义。

前如"人急烧香,狗急蓦墙"等例,后代通俗文学作品中多有变体,如"人急上房,狗急跳墙""人急拼命,狗急跳墙"等,但总体不脱变文俗谚的最初形式。

官不容针,私可容车。(《燕子赋(一)》)

"官不容针,私通车马"条《中国俗语大辞典》《中国谚语大全》皆例引《警世通言》卷三六,用例太晚,而《燕子赋》中用例更有溯源意义。

切(窃)闻狐死兔悲,恶伤其类。(《燕子赋(一)》)

《中国谚语大全》(温端政主编,上海辞书出版社,2004)"兔死狐悲,物伤其类"条:"语出《敦煌变文集·燕子赋》:'叨念兔死狐悲,物伤其类;四海尽为兄弟,何况更同臭味!'"引例其实有误。"狐死兔悲"为更早形式,又如《宋史·李全传》:"狐死兔泣,李氏灭,夏氏宁独存?"后代才演变出"兔死狐悲"之说。"恶伤其类"本为唐代常语,如《太平广记》卷四三四"宁茵"条:"茵怒,拂衣而起曰:'宁生何党此辈?自古即有班马之才,岂有斑牛之才?且我生三日,便欲噬人,此人况偷我姓氏!但未能共语者,盖恶伤其类耳。'"后代演变为"物伤其类"。

得他一食,惭人一色;得人两食,为他著力。(《伍子胥变文》)

与此句类似,敦煌本《搜神记》作"吃人一食,惭人一色;吃人两食,与人著力"。意为得到别人的馈赠,应该有相应的回报。而在后代的杂剧、小说中多有类似的变体。如:

吃人一碗,服人使唤。(元刘唐卿《白兔记》第十出)

单管黄猫黑尾,外合里差,只替人说话,吃人家碗半,被人家使唤。(明《金瓶梅词话》五八回)

真是吃他一碗,凭他使唤,敢怒而不敢言。(清张南庄《何典》六回)

可见,敦煌变文时代的俗谚在后代有传承。

更有以下数例,不见于诸辞书收录。

　　我闻"别人不贱,别玉不贫"。(《伍子胥变文》)

　　鱼(渔)人答曰:"吾闻麒麟得食,日行千里;凤凰得食,飞腾四海。"(《伍子胥变文》)

　　须达启言陛下:"千钧之弩,不为鼷鼠发机;百尺炎炉,不为毫毛爇焰。不假我大圣天师,最小弟子,亦能祇敌。"(《降魔变文》)

当然,由于语词演变,古人今人常见事物有所不同,因而用以触发理解的事物、情景自然不同,俗谚变得不常用或者因此消失也是必然的。

附注:

①　马威《谚语的文学性》,载《民间文学》1979年第12期。转引自温端政、周荐《二十世纪的汉语俗语研究》,书海出版社,2000年版,第112页。

②　可参看陈海涛《敦煌变文与唐代俗文学的关系》一文,见《社科纵横》1994年4期。

③　此条《中国俗语大辞典》(新一版,上海辞书出版社,2011)引录有误。"人急烧香,狗急跳墙"《大辞典》(P693)引《敦煌变文集》卷三为例证,实应为"狗急蓦墙"。《中国谚语大全》(P1905)同引误例。

④　参看吕传峰《"嘴"的词义演变及其与"口"的历时更替》,《语言研究》2006年第1期。

参考文献:

[1] 伏俊琏.关于变文体裁的一点探索[A].海峡两岸敦煌文学论集[C].成

都:四川人民出版社,1997.
[2] 陆永峰.敦煌变文研究[M].成都:巴蜀书社,2000.
[3] 温端政.汉语语汇学[M].北京:商务印书馆,2005.
[4] 杨伯峻,何乐士.古汉语语法及其发展(修订本)[M].北京:语文出版社,2001.
[5] 朱庆之.佛典与中古汉语词汇研究[M].台北:文津出版社,1992.

(作者单位:浙江外国语学院中文学院　杭州　310012)

源自《战国策》的成语探析

张 文 霞

《战国策》是先秦时期一部优秀的散文总集,是有关战国纷争、军政大事的重要历史文献。因主要反映策士的思想言行,渲染他们的论辩技巧及凌厉的词锋,使用了许多四字格的短语。这些短语有一部分在后代逐渐凝固为成语,一直沿用到今天。这些成语不仅是我们观察战国时代汉语的一面镜子,亦是探讨成语的形成及其历史演变的重要资料。[1]

一 源自《战国策》的成语的形成方式

在对出自《战国策》的 160 余条成语[2]进行分析之后,可以看出它们主要是通过直接摘引、改写原文词句,或根据《战国策》中的历史故事、寓言故事等凝固而成。

(一)直接摘引原文语句。这种情况占据绝对多数,有 116 条属此。例如:

百发百中:语出《战国策·西周策·苏厉谓周君章》:"(苏厉)谓白起曰:'楚有养由基者,善射。去柳叶者百步而射之,百发百中。左右皆曰善。'"

(二)加工改造原文语句,逐渐凝固而成。主要是对用词用字进行加工改造,使之符合成语的形式以及表义特点。有以下几

种情况:

1.节缩原文语句:共24条。多是保留对成语表义有重要作用的词句而略去不重要的词,特别是原文中的虚词。例如:

转祸为福:语出《战国策·燕策一·燕文公时章》:"圣人之制事也,转祸而为福,因败而为功。"按,原文作"转祸而为福",去掉虚词"而"凝固为"转祸为福"。指把灾祸转变为幸福。

此外,也有一些成语用其他的节缩方式。例如:

(1)援引原文相对应的前后两句中的重要词语综合而成。如:

被山带河:语出《战国策·魏策一·魏武侯与诸大夫浮于西河章》:"殷纣之国,左孟门而右漳釜,前带河,后被山。"按,原文作"前带河,后被山",去掉方位词"前、后"凝固为"被山带河"。意为靠着山,环着河。指形势险要的地方。

(2)对原文中的一句话或两句话进行浓缩概括而成。如:

骥服盐车:《战国策·楚策四·汗明见春申君章》:"夫骥之齿至矣,服盐车而上太行,蹄申膝折,尾湛胕溃,漉汁洒地,白汗交流,中阪迁延,负辕不能上。"按,原文作"夫骥之齿至矣,服盐车而上太行",后对原文语句进行浓缩,概括为"骥服盐车"。骥:骏马;服:驾驭。让骏马驾盐车。比喻使用人才不当。

(3)在节缩的同时对其中的个别字词进行改造,使之更通俗。如:

详计审处:语出《战国策·齐策六·燕攻齐取七十余城章》:"二者显名厚实也,愿熟计而审处一也。"按,原文作"熟计而审处",除去掉虚词"而"外,因"熟"当"详细"讲后代较少用,故又把"熟"改为"详",使之易为大众接受。熟计:仔细考虑;审:审慎。详细考虑,审慎选择。西汉·司马迁《史记·鲁仲连列传》作"详计而审处":"此两计者,显名厚实也,愿公详计而审处一焉。"后凝固为"详计审处"。

再如:

同日而语:语出《战国策·赵策二·苏秦从燕之赵始合从章》:"夫破人之于破于人也,臣人之与臣于人也,岂可同日而言之哉!"按,原文作"同日而言之",去掉虚词"而""之",又将"言"改为"语"以适应成语的表义特征。意即相提并论。后凝固为"同日而语"。

2.改造原文字词。共10条。主要是对原文中个别字词进行改换,使之更易于大众理解与接受。有以下三种情况:

(1)在不影响表义的前提下把原文中个别不重要的词进行改换,使之符合成语的表达习惯或表义特点。例如:

志高气扬:语出《战国策·齐策一·苏秦为赵合从说齐章》:"家敦而富,志高而扬。"按,原文作"志高而扬",因成语一般的表达式是二二相承式,后来凝固为"志高气扬"。意为志气高昂而自得。形容十分得意的样子。《史记·苏秦列传》作"志高气扬":"家殷人足,志高气扬。"

(2)把原文中个别字词换一个同义词表示。例如:

流血成川:语出《战国策·秦策三·蔡泽见逐于赵章》:"……诛屠四十余万之众,流血成川,沸声若雷,使秦业帝。"按,原文作"流血成川",随着语言的发展,"河"更习用,后改作"流血成河",形容死伤极多。

(3)把原文中的通假字换成本字。例如:

凭几据杖:语出《战国策·燕策一·燕昭王收破燕后即位章》:"冯几据杖,眄视指使,则厮役之人至。"按,原文作"冯几

239

据杖",冯,通"凭"。凭靠几案,拄着拐杖。形容傲慢不以礼待客。后凝固为"凭几据杖",将原文用的借字"冯"改为本字"凭"。

3.增加原文字词。共1条。指在原文基础上增加一个字或词变为四字格成语。如:

布衣之交:语出《战国策·齐策三·孟尝君有舍人而弗悦章》:"卫君与之布衣交,请具车马皮币,愿君以此从卫君游。"按,原文作"布衣交",后与成语的表达形式相适应作"布衣之交"。布衣,指平民。意指贫贱者之间的交往,也指显贵者与没有官职的人交往。

(三) 概括寓言故事。共6条。

《战国策》多是策士游说劝谏之辞,为增强论说的可信度,多采用寓言故事进行说理。因而有部分成语即来源于《战国策》的寓言故事,后以此为基础概括而成。例如:

土偶桃梗:出自《战国策·齐策三·孟尝君将入秦章》:"今者臣来,过于淄上,有土偶人与桃梗相与语。桃梗谓土偶人曰:'子,西岸之土也,挺子以为人,至岁八月,降雨下,淄水至,则汝残矣。'土偶曰:'不然。吾西岸之土也,吾残,则复西岸耳。今子,东国之桃梗也,刻削子以为人,降雨下,淄水至,流子而去,则子漂流者将何如耳?'"按,此故事后概括为成语"土偶桃梗"。桃梗,用桃木做成的人像。形容人漂泊不定,失意落柘。

另,惊弓之鸟、三人成虎、南辕北辙、狐假虎威、画蛇添足同此。

此外,源于《战国策》的成语在形成过程中,有时也会将同类事件或相关事物进行综合。共3条。例如:

悬梁刺股:形容刻苦学习。"刺骨",语出《战国策·秦策一·苏秦始将连横说秦章》:"(苏秦)读书欲睡,引锥自刺其股,血流至足。""悬梁",语出东汉·班固《汉书》:"孙敬字文宝,好学,晨夕不休。及至眠睡疲寝,以绳系头,悬屋梁。"因都用以指刻苦学习,后凝固作"悬梁刺股"或"刺股悬梁"。

二 源自《战国策》的成语的发展演变

成语里,特别是来自于古代书面系统的雅成语,一般说来,其语形和语义都相对稳固,代代相传,有的经久不变,有的虽有变化,但可溯源流。《战国策》一书的语言无疑反映的是先秦时期的书面语,故源自《战国策》的成语的形式和意义绝大多数都体现出很强的稳定性,但是也有部分成语随着社会与语言的发展而在语形和语义上出现了或多或少的变化。

(一) 语义发展

1.古今相承:源于《战国策》的成语中,共137条成语从古至今意义未发生任何变化,语义上一脉相承。例如:

不远千里:语出《战国策·秦策一·苏秦始将连横说秦章》:"今先生俨然不远千里而庭教之,愿以异日。"又《战国策·楚策三·苏秦之楚章》:"今先生乃不远千里而临寡人,曾不肯留,愿闻其说。"又《战国策·韩策一·韩傀相韩章》:"不远千里,枉车骑而交臣。"按,意为不以千里为远。形容不怕路途遥远。此义古今一直沿用,未发生变化。

2.古今承接:语言是在不断地变化发展的,因此源自《战国策》的成语的语义必然在稳定发展的同时又体现出一定的变化。但这种变化是以原义为基础进行的意义上的演变,并没有完全脱离原

义。共21条属此。有两种情况:

(1)由单义演变为多义。即成语在原义基础上后来延伸出另一相关意义,与原义同时并存。共12条。例如:

挥汗成雨:语出《战国策·齐策一·苏秦为赵合从说齐章》:"临淄之途,车毂击,人肩摩,连衽成帷,举袂成幕,挥汗成雨。"按,挥:洒,泼。意为抹下的汗水像落雨一样。形容人多,拥挤不堪。后也用来形容因天热或劳动等而出汗很多。

另,百发百中、破军杀将、画蛇添足、扶老携幼、披发文身、天崩地坼、无所不通、膏腴之地、高枕无忧、狡兔三窟、远交近攻同此。

(2)旧义演变出新义。即在原义基础上转化出另一相关意义,原义后来不再使用。共9条。例如:

门庭若市:语出《战国策·齐策一·邹忌修八尺有余章》:"令初下,群臣进谏,门庭若市。"按,庭:庭院;若:像;市:集市。门前和庭院里人很多,像集市一样。原文形容进谏的人很多。后形容来的人很多,非常热闹。

另,图穷匕见、侧目而视、断长续短、各得其所、归真返璞、胡服骑射、惊弓之鸟、折冲尊俎同此。

此外,在出自《战国策》的成语中,有个别成语的意义发生了转化,今义与古义差别很大。如"支左屈右",语出《战国策·西周策·苏厉谓周君章》:"客曰:'我不能教子支左屈右。夫射柳叶者,百发百中,而不已善息,少焉气力倦,弓拨矢钩,一发不中,前功尽矣。'"按,支:支撑;屈:弯曲。原指左臂撑弓,弯曲右臂扣弦的射箭方法。亦作"左支右绌"。后用以形容力量不足,穷于应付,顾此失彼的情状。如梁启超《为学与做人》:"这样才算顶天立地做一世人,决不会有藏头躲尾、左支右绌的丑态。"

(二) 语形发展

1.古今相同

直接援引自《战国策》原文的116条成语结构很稳固,代代相传,一直沿用至今。例如:

> 断脰决腹:语出《战国策·楚策一·威王问于莫敖子华章》:"有断脰决腹,壹瞑而万世不视,不知所益,以忧社稷者。"按,脰:颈;决:破。杀掉头,剖开腹。形容惨烈的死难。

2.大同小异

有些在《战国策》原文语句基础上进行加工改造的成语与原文语句在语形上呈现出少许差别。共31条。例如:

> 安步当车:语出《战国策·齐策四·齐宣王见颜斶章》:"晚食以当肉,安步以当车,无罪以当贵,清静贞正以自虞。"按,原文作"安步以当车"。安:安详,从容;安步:缓缓步行;当:当作。意为"从容步行,当作乘车"。后适应成语的表达方式,凝固为"安步当车"。

3.差异较大

源自《战国策》的成语中有少量在后代发展过程中语形上呈现出较大的变化,但是这种变化同样也是以适应成语的表达方式为目的的。共7条。例如:

> 寝食不安:语出《战国策·齐策六·燕攻齐取七十余城章》:"秦王恐之,寝不安席,食不甘味。"按,原文作"寝不安席,食不甘味",适应成语的表达方式,后将两句浓缩为"寝食不安",语义保持不变,意为"睡不好觉,吃不好饭"。形容十分忧虑担心的样子。

另,汗血盐车、骥服盐车、漆身吞炭、九合一匡、高枕无忧、折冲尊俎同此。

此外,《战国策》多是谋士劝谏之词,谋士们在劝谏时常用寓言故事进行说理,而这些寓言故事也在后代逐渐概括为成语。因是概括故事而成,语形上呈现出极大的差异。本文第一部分谈到的由寓言故事概括而成的成语都属这种情况。

三 源自《战国策》的成语的演变规律

综上所述,源自《战国策》的成语的结构及意义一般是定型的、稳固的,多数成语的形式和意义在后代没有发生变化。尽管其具有稳定性,但并不是一成不变的,也有部分成语在语形或是语义上后来出现了或多或少的变化。而且这些变化并不是随意的、杂乱无章的,而是有一定的规律可循,体现出演变过程中的有序性。

(一) 结构上由非"二二相承"式向"二二相承"式转变

温端政先生在《汉语语汇学》一书中将成语定义为"二二相承的表述语和描述语",在对源自《战国策》的成语的发展演变进行研究时,我们发现,在《战国策》原文中,不仅尚未成形的短语在后来的发展过程中逐步演变为"二二相承"的结构,如:"远交而近攻"作"远交近攻";"车毂击,人肩摩"作"毂击肩摩";"寝不安席,食不甘味"作"寝食不安";"布衣交"作"布衣之交";"百姓不聊生"作"民不聊生"等;而且,另有一些在原文中已经是"四字格"但语法结构不是"二二相承"式的短语在后来的发展中也逐步演变为语法结构上的"二二相承"式。如:"同其甘苦"作"同甘共苦";"志高而扬"作"志高气扬";"物至而反"作"物极必反"等。可见,源自《战国策》的成语在发展过程中一直在寻求以最优的表达形式适应成语的特征,结构上由非"二二相承"式逐步实现向"二二相承"式的转化。

（二）语义上朝着适于民众理解接受的方向发展

很多成语来自古代文献，总体来看其语体风格至今仍保留着书面语庄重、典雅的特色。但是它毕竟是活跃于现代社会，在现代汉语中使用的语汇形式，太过生僻的表达不易于民众理解和接受。因此，在源自《战国策》成语的演变过程中大都是朝着大众化、通俗化的方向发展，以易于被大众理解接受。如："刻深寡恩"作"刻薄寡恩"；"毋翼而飞"作"不翼而飞"；"流血成川"作"流血成河"；"熟计审处"作"详计审处"；"冯几据杖"作"凭几据杖"等。一般说来，在演变过程中，哪种形式更易于为民众所接受，哪种形式就能占据上风，并最终定型。

（三）演变过程中传承性占主要地位

根据以上对源自《战国策》的160条成语语形与语义演变情况的统计分析，可以看出多数成语无论形式还是意义都是古今一脉相承的，然而这种相承不是绝对的，也有变化的一面。这种变化是在传承性的基础上进行的。语形上不断适应成语"二二相承"的表达形式；语义上以原义为基础进行延伸，并不会完全脱离原义。如前文提到的"远交近攻""挥汗成雨""惊弓之鸟""胡服骑射"等。因此，传承性应当是源自《战国策》的成语发展演变的主要方面。

附注：

① 本文选用的《战国策》版本为屈进、胡建华译注本，广州出版社，2004年版。为节约篇幅，一般只举一例说明。

② 本文统计源自《战国策》的成语时依照温端政先生在《汉语语汇学》（商务印书馆，2005）中对成语的界定："二二相承"的表述语和描述语。

（作者单位：长治学院中文系　长治　046011）

《朱子语类》习语俗谚考

徐 时 仪

一 引言

朱熹是宋代理学的集大成者,又是训诂大师,在传统语言文字研究中敢于创发新义,讲学时释疑答问,广征博喻,说理贵在通俗平易,往往灵活自如地运用习语俗谚阐释义理,表达理念,客观上如实反映了中古和近古汉语词汇的发展及演变概貌。朱熹教诲门人弟子读书要"不惟念得正文注字,要自家暗地以俗语解得,方是"(116、2805),明确要求门人弟子用俗语来诠释书上说的道理。《朱子语类》是朱熹与其门人讲学问答的实录,由一百多位来自长江以南不同地区的门生记录汇编而成。黄榦在书后的序中称此书"师生函丈间往复诘难,其辨愈详,其义愈精。读之竦然如侍燕间,承謦欬也"。全书140卷,约200多万字,文白相间,雅俗共存,新旧质素交融,既有先秦的文言,又有唐宋的古白话,尤其是有许多当时的方言口语,如"吃紧、活泼泼、著便"等;也有不少习语俗谚,如"抱桥柱澡洗、硬着脊梁骨、升里转、斗里量"等,叠置着从历史上各个时期传承下来的不同历史层次的词语和宋代产生的新词新义。有些习语俗谚词义的凝固也经历了由篇章或句到短语再由短语到词的词汇化过程。如"瓜田不纳履,李下不整冠"后作"瓜田李下","冷灰里豆爆"后作"冷灰豆爆","太山之压鸡卵"后作"太山压卵"

等。"瓜田李下""冷灰豆爆"和"太山压卵"等的语义已抽象泛化，不是各个构成成分的意义之和，而是表达一个相对完整的意义或概念。从中既可见口语语辞←→书面语文辞的转化，又可见言语意义←→语言意义的转化，不仅体现了语言的继承性一面，而且也体现了古今汉语文白演变的一面，反映了上古汉语和近代汉语相交叉的中间状态。

二 《朱子语类》习语俗谚例释

习语俗谚是流传于民间的现成的通俗语句，具有相对固定的形式和凝固的意义，通常表示一个哲理或反映某种社会现象，多为经验的结晶，含有深刻的寓意。朱熹讲学用到的这些词语有源自历代书面语的，如"观凤一羽，则知五色之备""见豕负涂，载鬼一车"和"主人倍食于宾"等；也有源自当时口语的，如"抱不哭孩儿""冷灰里豆爆""三十年做老娘，不解倒绷了孩儿"和"自牛背上拖将来"等。源自历代书面语的具有古雅色彩，源自当时口语的则直白通俗。诚如朱熹所说，"《书》有易晓者，恐是当时做底文字，或是曾经修饰润色来。其难晓者，恐只是当时说话。盖当时人说话自是如此，当时人自晓得，后人乃以为难晓尔。若使古人见今之俗语，却理会不得也。以其间头绪多，若去做文字时，说不尽，故只直记其言语而已"。"《典》、《谟》之书，恐是曾经史官润色来。如《周诰》等篇，恐只似如今榜文晓谕俗人者，方言俚语，随地随时各自不同。林少颖尝曰如今人'即日伏惟尊候万福'，使古人闻之，亦不知是何等说话"(78、1981)。《朱子语类》记载的朱熹讲学用语也有"当时人自晓得，后人乃以为难晓尔"，《语海》《中国惯用语大词典》《中国俗语大词典》《中国谚语大词典》等往往未收录或未释及，下文拟就

247

《朱子语类》所载"抱不哭孩儿、打一个失落、冷灰里豆爆、升里转,斗里量、飁了甜桃树,沿山摘醋梨、鸳鸯绣出从君看,莫把金针度与人、张三有钱不会使,李四会使又无钱、周子窗前草不除去"等略做考探。

1. 抱不哭孩儿

和靖守得谨,见得不甚透。如俗语说,他只是"抱得一个不哭底孩儿"!(101、2575)

按:比喻拣容易的事情做。此条是黄义刚所录朱子对程颐门人尹焞的评价。尹焞,字彦明,一字德充,赐号和靖处士。检陈淳所录为:"和靖语却实,然意短。"(101、2557)甘节所录为:"和靖在程门直是十分钝底。"(101、2575)袭盖卿所录为:"和靖守得紧,但不活。"(101、2575)黄升卿所录为:"和靖持守有余而格物未至,故所见不精明,无活法。"(101、2575)金去伪所录为:"和靖才短,说不出,只紧守伊川之说。"(101、2575)刘炎所录为:"和靖只是一个笃实,守得定。"(101、2576)据朱子门人所录,朱熹认为和靖笃实而才短,性格像俗语所说的不哭底孩儿。其他文献也有用例。如《二程遗书》卷三:"又言:'不哭底孩儿谁抱不得?'"陆游《雍熙请机老疏》:"诸方到处只解抱不哭孩儿,好汉出来须会打无面馎饦。"明吕坤《呻吟语摘》卷下:"抱得不哭孩儿易,抱得孩儿不哭难。"禅家多用以喻指不敢放手以求万无一失。如《古尊宿语录》卷四十二:"诸德,此个事大须子细,不可粗心。一等参禅穷教到底,宗门中千差万别隐显殊途。唯大智方明,降兹已往,莫测涯际,而今多是抱不哭孩儿,打净洁球子,把缆放船,抱桥柱澡洗。"

2. 打一个失落

佛者云:"置之一处,无事不办。"也只是教人如此做工夫;若是专一用心于此,则自会通达矣。故学禅者只是把一个话头去看,"如何是佛"、"麻三斤"之类,又都无义理得穿凿。看来看去,工夫到时,恰似打一个失落一般,便是参学事毕。庄子亦云:"用志不分,乃凝于神。"也只是如此教人。但他都无义理,只是个空寂。儒者之学则有许多义理,若看得透彻,则可以贯事物,可以洞古今。(126、3018)

按:"打一个失落"是朱熹化用禅家语"百尺竿头做个失落"来教学者专一用心做通达工夫,指出禅家穿凿得没有义理,只是个空寂,恰似在百尺竿头上打了一个失落,认为如果领悟得儒家的义理透彻就可以贯事物洞古今。检《五灯会元》卷十九《何山守珣禅师》:"上堂,举婆子烧庵话。师曰:'大凡扶宗立教,须是其人。你看他婆子,虽是个女人,宛有丈夫作略。二十年箴油费酱,固是可知。一日向百尺竿头做个失落,直得用尽平生腕头气力。自非个俗汉知机,泪乎巧尽拙出。然虽如是,诸人要么么?雪后始知松柏操,事难方见丈夫心。'"何山守珣禅师所举婆子烧庵话源自禅宗的一段公案。据《五灯会元》卷六《亡名道婆》载:"昔有婆子供养一庵主,经二十年,常令一二八女子送饭给侍。一日,令女子抱定,曰:'正恁么时如何?'主曰:'枯木倚寒岩,三冬无暖气。'女子举似婆。婆曰:'我二十年只供养得个俗汉。'遂遣出,烧却庵。"婆子从"枯木倚寒岩,三冬无暖气"看出庵主还没有大彻大悟,未能心如止水。佛教以"百尺竿头"比喻道行达到极高的境界。如《五灯会元》卷四《长沙景岑禅师》:"师示偈曰:'百尺竿头不动人,虽然得入未为真。百尺竿头须进步,十方世界是全身。'"例中"百尺竿头须进步",佛家用以比喻道行、造诣虽深,仍需修炼提高,而婆子烧庵话所说的庵主修行二十年,却在百尺竿头上失了手。后以"百尺竿头更进一步"喻学问、事业虽已达到很高的境地,但还要进一步努力达到新的顶点和境界。如朱熹《答陈同甫书》:"但鄙意更欲贤者百尺竿头进取一步,将来不作三代以下人物。"

3.冷灰里豆爆

问:"程子谓致知节目如何?"曰:"如此理会也未可。须存得此心,却逐节子思索,自然有个觉处,如谚所谓'冷灰里豆爆'。"(18、407)

按:此条是李季札所录,朱熹认为一心一意思索,自然会有恍若大悟,即经过渐悟达到顿悟,就像豆子在冷灰里积聚到一定热量突然爆发。"冷灰里豆爆"本指时机已过而猛然惊觉,禅宗语录也有用例,喻指猛然醒悟后所作所为。如《祖堂集》卷七《夹山和尚》:"师又问曰:'与什摩人为同行?'对曰:'木上座。'师曰:'在什摩处?'对曰:'在堂中。'师曰:'唤来。'佛日便归堂,取柱杖抛下师前。师云:'莫从天台采得来不?'对曰:'非五岳之所生。'师曰:'莫从须弥顶上采得来不?'对曰:'月宫不曾逢。'师曰:'与摩则从人得也。'对曰:'自己尚怨家,从人得堪作什摩?'师曰:'冷灰里豆子爆。'"《五灯会元》卷二十:"(妙)喜曰:'湖南人吃鱼,因甚湖北人着鲠。'(善直禅)师打筋斗而出。喜曰:'谁知冷灰里有粒豆爆出。'"又作"冷灰爆豆"。如黄庭坚《翠岩真禅师语录序》:"各梦同床,不妨殊调;冷灰爆豆,聊为解嘲云耳。"

4.升里转,斗里量

某尝思,今之学者所以多不得力、不济事者,只是不熟。平生也费许多功夫看文字,下梢头都不得力者,正缘不熟耳。只缘一个不熟,少间无一件事理会得精。吕居仁记老苏说平生因闻"升里转,斗里量"之语,遂悟作文章妙处。这个须是烂泥酱熟,纵横妙用

皆由自家,方济得事也。(121、2921)

按:"升里转,斗里量"比喻做事无论大小场合都能得心应手游刃有余。朱熹引此语意在说明读书读得精熟就能触处皆通,纵横妙用皆由自家。检元王构《修辞鉴衡》卷二《作文有悟入处》亦云:"老苏尝自言,'升里转,斗里量',因闻此遂悟文章妙处。"又作"升里能转,斗里能量"。如清贺贻孙《诗筏》:"昔人论文云:'升里能转,斗里能量。'作诗亦然。"

5. 颷了甜桃树,沿山摘醋梨

郑子上因赴省经过,问《左传》数事。先生曰:"数年不见公,将谓有异问相发明,却问这般不紧要者,何益? 人若能于《大学》《语》《孟》《中庸》四书穷究得通透,则经传中折莫甚大事,以其理推之,无有不晓者,况此末事! 今若此,可谓是'颷了甜桃树,沿山摘醋梨'也!"(121、2843)

按:此例是吕友仁录,朱熹认为穷究得《大学》《论语》《孟子》《中庸》四书通透,经传所载只要以其理推之则无有不晓,指出郑可学(子上)问《左传》数事就像"颷了甜桃树,沿山摘醋梨",以甜桃树喻四书,醋梨喻《左传》类书,意谓郑可学治学是舍本逐末。检沈僴所录为:

> 或问《左传》疑义。曰:"公不求之于《六经》《语》《孟》之中,而用功于《左传》。且《左传》有甚么道理? 纵有,能几何? 所谓"弃却甜桃树,缘山摘醋梨"!(121、2938)

"缘、沿"义近,"弃却"和"颷了"一文一白。考《说文》:"棄,捐也。从廾推苹棄之;从ㄊ,ㄊ,逆子也。弃,古文棄。"文言用"弃"表示"抛弃","颷"是当时口语词。如:

> 今公等学道,此心安得似他! 是此心元不曾有所用,逐日

流荡放逐,如无家之人。思量一件道理不透,便颺(去声)掉放一壁,不能管得,三日五日不知拈起,每日只是悠悠度日,说闲话逐物而已。(121、2919)

此条为沈僴所录,《池录》卷三十八同。《说文》:"颺,风所飞扬也。"《广韵》一为与章切,以母阳韵,平声;一为余亮切,以母漾韵,去声。读平声有"飞扬;飘扬"义,读去声有"丢弃"义。例中注明去声。又如:

今人之患,在于徒务末而不究其本。然只去理会那本,而不理会那末,亦不得。(117、2824)

此条是朱熹训门人陈淳,例中"不理会那末",黄义刚录作"颺下了那末"。陈淳是临漳人,黄义刚是临川人。"不理会"是通语,"颺下了"是口语。与"颺"此义相近的还有"漾"。如:

求放心,乃是求这物;克己,则是漾着这一物也。(12、203)

问"苟不至德,至道不凝焉"。曰:"至德固是诚,但此章却漾了诚说。若牵来说,又乱了。盖它此处且是要说道非德不凝,而下文遂言修德事。"(64、1584)

此二例为程端蒙和叶贺孙所录,端蒙是鄱阳人,贺孙是括苍人,居永嘉。例中"漾"也是口语。

又如关汉卿《金线池》第一折:"今日漾人头厮摔,含热血厮喷,定夺俺心上人。"孔文卿《东窗事犯》第四折:"枉了他子父每舍死忘生,苦征恶战,扯鼓夺旗,捉将挟人,漾人头厮滚,噙热血相喷。"二例中"漾"亦为抛弃义。

检《辞海》1979年版、1989年版、1999年版、2009年版释"漾"皆为 yáng,通"扬(颺)",引元马致远《青衫泪》为证,例中"漾"为抛弃义,应为去声。《汉语大词典》亦引马致远《青衫泪》为首见例,偏晚。

"飓了甜桃树,沿山摘醋梨""弃却甜桃树,缘山摘醋梨",《语海》《中国惯用语大词典》《中国俗语大词典》《中国谚语大词典》未收。检《中国惯用语大词典》收有"弃了甜桃,寻醋梨",释为:"比喻丢弃了好的,却去找差的。[例]夺了我旧妻儿,却与个新佳配,我正是弃了甜桃,绕山寻醋梨,知他是甚亲戚?"(元·关汉卿《鲁斋郎》二折)参见"不吃鲜桃咬烂杏""让了鲜桃,去寻酸枣""舍甜桃而寻苦李"。似可补收"飓了甜桃树,沿山摘醋梨""弃却甜桃树,缘山摘醋梨",且溯其源至《朱子语类》。又《中国惯用语大词典》所收"弃了甜桃,寻醋梨""不吃鲜桃咬烂杏""让了鲜桃,去寻酸枣""舍甜桃而寻苦李"可省作"甜桃酸李"。如《娇红记》第二十三出:"忆昔与君期,永远同欢契,岂料你今朝顷刻时。甜桃酸李,对面两参差。"

6.鸳鸯绣出从君看,莫把金针度与人

又曰:"子静说话,常是两头明,中间暗。"或问:"暗是如何?"曰:"是他那不说破处。他所以不说破,便是禅。所谓'鸳鸯绣出从君看,莫把金针度与人',他禅家自爱如此。"(104、2620)

按:"鸳鸯绣出从君看,莫把金针度与人",意谓绣好的鸳鸯任凭人欣赏,而不要把针黹手艺教予别人,比喻只"授之以鱼"而不要"授之以渔"。朱熹以此解说禅家讲道不明示玄机而让人自悟。此语出自禅录。如宋普济《五灯会元》卷十四《洪州宝峰阐提惟照禅师》上堂:"伯夷隘,柳下惠不恭,君子不由也。二边不立,中道不安时作么生?"拈拄杖曰:"鸳鸯绣出从君看,不把金针度与人。"又卷二十《台州国清简堂行机禅师》:"所以道,千人排门,不如一人拨

关。若一人拔关,千人万人得到安乐田地。还知么？鸳鸯绣出从君看,不把金针度与人。"又作"鸳鸯绣出自金针"。如《五灯会元》卷十七《潭州道吾仲圆禅师》:"上堂:不是心,不是佛,不是物。古人恁么道,譬如管中窥豹,但见一斑。设或入林不动草,入水不动波,亦如骑马向冰凌上行。若是射雕手,何不向蛇头上揩痒？具正眼者试辨看。良久曰:鸳鸯绣出自金针。"其他文献也有用例。如明徐渭《翠乡梦》第二出:"才见得钳锤炉火,总翻腾臭腐神奇。不会得的,一程分作两程行;会得的呵,踢杀猢狲弄杀鬼。会得的,似轮刀上阵,亦得见之;会不得的,似对镜回头,当面错过。咳,鸳鸯绣出从君看,莫把金针度与人。"又如清顾广圻《思适斋序跋》卷七:"予因举'鸳鸯绣出从君看,不把金针度与人',以为词有字焉、句焉、意焉、言焉,所谓'绣鸳鸯'也。而所谓'金针'者,其在律与韵乎？是故名家之词,试执律韵以相绳,则斤斤然弗敢踰絫黍。而置而读之,但觉其字句意言之足以妙天下,殆若握管而填,缘手而成。"又作"鸳鸯绣了从教看,莫把金针度与人"。如金元好问《论诗》之三:"晕碧裁红点缀匀,一回拈出一回新。鸳鸯绣了从教看,莫把金针度与人。"清黄俊《弈人传》卷十五:"余取阅反复检讨,不禁喟然叹曰:鸳鸯绣出从教看,莫把金针度与人。此集出,殆金针度与人矣,因名曰《弈理金针》。"

7. 张三有钱不会使,李四会使又无钱

禅僧自云有所得,而作事不相应,观他又安有睟面盎背气象！只是将此一禅横置胸中,遇事将出,事了又收。大抵只论说,不论行。昔日病翁见妙喜于其面前要逞自家话。渠于开喜升座,却云:"彦冲修行却不会禅,宝学会禅却不修行;所谓张三有钱不会使,李四会使又无钱。"皆是乱说。(126、3030)

按:"张三有钱不会使,李四会使又无钱",意谓有钱的人不懂怎么花钱,知道怎么花的却没钱。此条是郑可学所录,检滕璘所录云:"所谓禅,是僧家自举一般见解,如秀才家举业相似,与行己全不相干。学得底人,有许多机锋,将出来弄一上了,便收拾了;到其为人,与俗人无异。只缘禅自是禅,与行不相应耳。"朱熹认为禅僧只会说而不力行,喻指言行不相应。禅录中用以指世事多不能遂人意。如《普陀别庵禅师同门录》卷上:"张三有钱不会使,李四会使又无钱,众中莫有出来分断者么?"又作"张三有钱不会使,李四无钱会使钱"。如《昭觉丈雪醉禅师语录》:"此是东京城外草桥胡衕王老妈苕帚柄一把,因甚在山僧手里。不见道张三有钱不会使,李四无钱会使钱,遂抛却。"

8.周子窗前草不除去

问:"周子窗前草不除去,云'与自家意思一般'。此是取其生生自得之意邪?抑于生物中欲观天理流行处邪?"曰:"此不要解。得那田地,自理会得。须看自家意思与那草底意思如何是一般?"(96、2477)

问:"周子窗前草不除去,即是谓生意与自家一般。"曰:"他也只是偶然见与自家意思相契。"(96、2478)

周茂叔窗前草不除去,云"与自家意思一般",便是有知觉。(60、1430)

按:"周子窗前草不除去",出自程颢所说。周敦颐,字茂叔,号濂溪。程颢指出周敦颐不除去窗前的草的用意和己意一样,认为从窗前的草中可感受天地自然生命流露的蓬勃生机,体现出天人一体的生生自得和物我两忘的精神境界。朱熹指出达到这一境界,才能理会程颢解说周敦颐"绿满窗前草不除"的意思。后以"窗前草不除"喻人与自然相融的生意和境界。如宋翁森《四时读书乐》:"读书之乐乐何如？绿满窗前草不除。"元张养浩《绰然亭落成自和二首》之一:"凭谁唤起濂溪老,听说窗前草不除。"元刘因《燕居图》:"伊川门外雪盈尺,茂叔窗前草不除。要识唐虞垂拱意,春风元在仲尼居。"

三　结语

习语俗谚在语境中的实际意义往往经两次或多次概念映射形成,即在人的认知操作作用下由其本身意义、认知语境知识共同整合而成。如"升里转,斗里量",最初是用在具体的与度量衡有关的认知域中,其字面意义是在升和斗的范围内运转,后经过具体——类属的概念转喻,用来指因地制宜无论大小场合都能得心应手游刃有余；当被用到具体语境中时,该俗语又得到了第二次的类属——具体的概念转喻,用来表示触处皆通,纵横妙用皆由自家,经历两次概念映射的过程,该俗语才实现了在具体语境中的意义。又如"依本画葫芦",最初用在具体的与绘画有关的认知域中,其字面意义是照别人画的样子画葫芦,后经过具体——类属的概念转喻,用来比喻照搬原样,刻板地照着做,没有改变,产生"依样画葫芦"和"依样画猫儿"等类似形式；当被用到具体语境中时,该俗语又得到了第二次的类属——具体的概念转喻,用来喻指单纯模仿而缺乏创新,形成四字格成语"依模画样"。

《朱子语类》记载的习语俗谚既生动形象,又通俗易晓,在某种程度上也反映了口语语辞⟷书面语文辞和言语意义⟷语言意义的不断转化过程,体现了典雅的精英文化与通俗的平民文化相融合的价值取向。

因而《朱子语类》不仅反映了朱熹的思想演变脉络和当时的社会生活状况,而且也为汉语文白演变和词汇史的研究提供了珍贵的语言实录,堪称研究朱熹思想和宋代语言的一块璞玉。

(作者单位:上海师范大学古籍研究所上海 200234)

"守财奴"源流考*

高 列 过

佛教自东汉传入中国之后,对中华民族的传统文化和社会生活产生了深刻的影响,也极大地丰富了汉语的表现力,充实了汉语词汇。有些词语,如"佛""菩萨""魔"等,带有明显的佛教印记;但有些词语,其佛源往往不被察觉。考察这些词语的语源及流变,不仅具有汉语词汇史的意义,也可为阐释佛教中国化的轨迹提供重要证据。本文考察的"守财奴"系列词语即为此类。

"守财奴"系列词语源于汉译佛经,讥讽有钱而吝啬之人,对钱财的欲望永不满足,为其所累,所有的行为都被自己的财欲所支配,就如同奴仆被主人驱使一样。关于该词的语源、流变及释义,辞书尚有未尽之处。

一 "守财奴"的语源

《汉语大词典》收录了七个"守财奴"系列词语:守财奴、守财卤、守财房、守钱奴、守钱房(守房)、钱奴、看钱奴。《汉语成语源流

---

* 本文为国家社会科学基金项目"中古早期(东汉—东晋)汉译佛经成语研究"(08CYY021)、第49批中国博士后科学基金面上资助项目"中古初期(东汉三国)汉译佛经成语研究"结项报告的一部分,曾发表于《社会科学家》2012年第9期,这次收入本文集时,又做了修改。

大辞典》收录了五个系列词语:守钱奴、守钱虏、守财虏、守财卤、守虏。

以上所列词目,从出现时间看,最早是"钱奴":"犹守财奴。《意林》卷五引三国吴唐滂《唐子》:'守财不施,谓之钱奴。'"然《唐子》乃佚书,[①]《意林》所引,是否为原文,不得而知,不足引以为据。

产生时间最早、时代也最为可靠的词目是"守钱奴":晋袁宏《后汉纪·光武帝纪》:"凡殖财者贵以施也,不则守钱奴耳!"而"守钱虏"的最早例证为《东观汉记·一二·马援》(《北堂书钞·一二九·袴褐·身衣皮袴》):马援叹曰:"凡殖产,贵其能施民也,否则守钱奴耳。"聚珍本"奴"作"虏"。但这里"守钱虏"见于另一版本之异文,可靠性大打折扣,而目前所见《东观汉记》乃辑佚而成,语料年代也很成问题。可靠的例证是南朝宋范晔《后汉书·马援传》:"凡殖货财产,贵其能施赈也,否则守钱虏耳。"可见,"守财奴"系列词语大约见于魏晋以来的中土文献。

笔者在魏晋以来的汉译佛经中也发现类似用例:

旧题东汉安世高译《佛说分别善恶所起经》[②]:"佛言:<u>人于世间,得财产,悭贪不肯布施</u>:不爱视诸家贫穷者,不给与之;不供事沙门明经道士;不丐不与乞儿若病人;食饮不敢自饱,衣被不敢自完。从是得五恶。何等五?一者自欺身,亦为人所不敬;二者<u>人皆呼守钱奴</u>;三者恒荷惭愧;四者堕饿鬼,勤苦不可言:或千岁百岁,不能得水饮,遥望见江湖若溪谷水。走往欲饮之,水便化作销铜若脓血,不可饮。如是勤苦不可缕说。五者从饿鬼中来出,生为人,当贫穷冻饿,从人乞丐。脊骨相支柱,乞丐不能得,人当唾骂之。"[③]

旧题乞伏秦圣坚译《罗摩伽经》[④]卷中:"诸贫苦者,以陀罗尼力,令其库藏自然盈溢;若有悭贪,至死不舍,作守财鬼,为如是等,种种贪著,以诸方便而化导之,令彼众生,皆得解脱。"

"守财奴"系列词语,在魏晋以来的中土文献和汉译佛经中都有用例,那么,到底哪个才是这些词语的语源呢?

对于"富而吝啬"这样的行为,佛教与中土儒、道两家的态度是有明显差异的。

佛教主张广施财物,对吝啬财物不肯施与他人的行为非常反对,东汉译经即已多见:

安世高译《七处三观经》:"佛便告比丘:'有三恶本:贪为一恶本,恚为二恶本,痴为三恶本。以贪为恶本,悭亦贪本。以悭不得离悭,便身行恶,口行恶,意行恶,是名亦恶。以悭便身不谛受,是心不谛受,是亦恶本。'"

支娄迦谶译《般舟三昧经》卷三:"若有兴施除悭贪,其心欢踊而授与。"

从上引诸例可见,对于"悭""悭贪",佛教坚决主张摒弃。所谓"悭""悭贪",就是"守财不施"。《广说佛教语大词典》"悭"条:"❶吝惜。吝啬。悭贪。忌妒。心所之名。""悭贪"条:"贪婪。贪求。吝啬。吝惜财物不肯施人,永不知足之心。"

佛教不仅坚决反对"守财不施"这样的行为,还指出了这种行为的严重后果。

上文所引旧题东汉安世高译《佛说分别善恶所起经》指出了"守财不施"必然招致的五种恶果:即现世不能获得世人尊敬、被人蔑称为"守钱奴"、内心常常不安、死后堕入地狱受尽苦楚、来世人生凄惨无比。

西晋法立共法炬译《大楼炭经》卷五:"佛语比丘:'谷贵劫时云

何？谷贵劫中时,人民多非法,愚痴邪见嫉妬悭贪,守财不肯布施。用是故,天雨不为时节;用天雨不时节故,人民所耕种,枯死不生,但有枯茎;用是故谷贵,人收扫畦中落谷,才自活命。谷贵劫时如是也。'"这里指出"守财不肯布施"致使上天震怒,因而干旱不雨,灾荒发生。

佛教为何如此反对"守财不施"？因为佛教认为,如果人们对财产的欲望永不满足,追求终生,为其所累,反而成为财产的奴隶,如:三国吴支谦译《赖咤和罗经》:"四者:人至死,无有能厌于爱欲及财产者,人皆为财产爱欲作奴婢。"

同时,如果因为对财产的欲望而做出违背自己意愿的事情,就跟财产的奴仆一样被驱使,如:后秦鸠摩罗什译《佛藏经》:"如此恶人而为说法,以利养故,称赞于佛及法与僧,但求活命,为财奴仆。"

佛教主张消灭一切欲望,因为欲望,当然也包括人对财产的欲望,往往是修行成功的障碍。因此,佛教大力反对守财不施这类行为。

而与佛教相比,中土儒、道两家都能正视人对财产的欲望,同时从宏观的角度,主张财富的分配要大致均衡,也都希望富人能够赈济穷人,但对"守财不施"这样的行为并无明显的反对和指责,更不要说讥讽和鞭挞了。

《后汉纪》之"守钱奴"、《后汉书》之"守钱虏"皆为东汉马援口语。但就史书而言,即使是记录口语,还是作为成书年代的语料比较可靠。《后汉纪》《后汉书》成书之时⑤,佛教在中土已广为流布,即使是正史,佛教影响的痕迹也处处可见,出现"守钱奴"之类带有佛教色彩的词语,是自然而然的。

因此,我们认为,"守财奴"系列词语来源于佛教。

二 "守财奴"的流变

"守财奴"系列词语的流变,有两个现象应该引起我们的关注。

(一)"守财鬼"只见于汉译佛经,中土文献常见的是"守财奴"。

"守财奴"系列词语有多个形式,除《汉语大词典》《汉语成语源流大辞典》列举的形式外,笔者还搜集到以下几种:

"守财鬼"。除上引《罗摩伽经》例外,宋法天译《六道伽陀经》亦有一例:"虽不盗他财,纤毫不行施,吝惜广悭贪,而为守财鬼。"

中土文献,无论是佛教文献还是俗世文献,都未见"守财鬼"这个形式。中土人士撰写的佛教文献有"守财奴":

唐释道宣《广弘明集》卷七"卢思道"条,对卢思道《周齐兴亡论》批判佛教"近世已来糜费财力"之语颇为不满,认为乃"厚生守财之奴也"。

唐王梵志《钱财他人用》诗:"钱财他人用,古来寻常事。前人多贮积,后人无惭愧。此是守财奴,不兑贫穷死。"

元明以来中土文献尚有"看财奴""看钱奴""看财虏"等:

元郑廷玉《布袋和尚忍字记》叙述弥勒佛化作布袋和尚,点化汴梁刘均佐:"此处有一个刘均佐,是个巨富的财主。争奈此人贪饕贿赂,悭吝苦克,一文不使,半文不用。贫僧特来点化此人。这是他家门首,兀那刘均佐看财奴!"

元陶宗仪《南村辍耕录》卷十七《哨遍》:"某人以善经纪,积赀至巨万计,而既鄙且啬。……故作今乐府一阕讥警焉。【哨遍】试把贤愚穷究,看钱奴,自古呼铜臭。"

清许奉恩《里乘》卷六《少年客》:"舟子忽率其党各执刀械进

前,厉声谓诸客曰:'此地险要,向为群盗出没之区,汝等所挟资可速献出,我当为善藏之。不则恐有不虞,悔无及也!'客多巨贾,挟资颇重,闻言互相惊愕,知其来意不善,乃哀告曰:……舟子闻言,怒目叱曰:'尔辈死在目前,犹哓哓饶舌,想作看财虏耶?'"

"守财鬼"为何只在佛教文献出现,而中土文献常见的却是"守财奴"?

陈开勇、龙延指出:"中国民众对佛教语言的接受,总是以自己的民族文化心理为根据的。""守财奴"与"守财鬼"相比,从形式来看,是"奴(虏)"替代了与死亡紧密联系的"鬼",字面更趋"温和",更易为中国人接受。

另外,同是讥讽"富而吝啬之人",但从语感来说,"守财鬼"更强调富翁吝啬之人如鬼一样让人讨厌,但"守财奴"则不同。《说文解字·女部》:"奴,奴、婢,皆古之辠人也。《周礼》曰:'其奴,男子入于辠隶,女子入于舂藁。'"曾腊梅认为:"纵观'奴'一词的含义演变……从古至今'卑贱'义乃是其核心义素,表达依附、顺从、被奴役等贬义为主。"在佛教看来,悭贪不布施是迷恋财富、被财富奴役的表现,与"守财鬼"相比,"守财奴"能清楚明白地传达这个含义。

(二)"守财奴"系列与"钱/财奴"系列的竞争

上述"守财奴"系列词语,除"钱奴"外,都是以"看守类动词+钱/财+奴/虏"这样的模式构成的⑥。笔者还搜检到与"钱奴"类似的"财奴""财虏""钱虏"等一系列词语。《现代汉语词典》收录了前一系列的"守财奴""看财奴"。可见,"守财奴"系列的流传更广。那么,"守财奴"系列在竞争中有什么优势呢?

"守财奴"系列意义单一明确,"钱奴"系列词语往往有多个义项,列举如下:

263

1. 钱奴

清王士禛《池北偶谈》卷九《癖》:"阮遥集有屐癖,祖约有钱癖,初不辨得失。后客诣约,有财物摒挡未了,见客至便倾身障簏;诣阮,阮方吹火蜡屐,叹曰:'未知此生当着几两屐?'神色闲畅,于是胜负始判。阮公高流,何至与钱奴较优劣耶?"但此处"钱奴"乃讽刺祖约过分看重钱财,颇有患得患失之举,至于其是否吝啬,则未有明指。

笔者所见"钱奴",多为此义,而确指"富而吝啬,不肯施舍钱财之人"者,均为转述《唐子》之语。

2. 钱虏

明薛论道详细描写了"钱虏"的丑相,《(古山坡羊)钱虏》:"见几个贪财行货,每日家耽饥挨饿,逢人说俭,遇客常空坐。男儿悭吝哥,佳人叫化婆。牙积口攒广有松纹锞,数米调汤曾无腥味锅。奔波,一文钱要死活。张罗,便死呵忍狗拖。"这首散曲,讽刺一味攒钱、连正常生活及日常礼仪都不管不顾的"钱虏"。

清曾衍东《小豆棚》卷二《常运安》:"常(运安)喜曰:'吾得金,金得所用矣。使此倘来者,俾一二钱虏得之,将不知几经慢藏,几经严密,势不至及于祸不止。何如今日假我行义,不以利为利,而以义为利之得哉?'"这里的"钱虏",义同守财奴。

清郑板桥《扬州竹枝词序》:"身轻似叶,原不藉乎缙绅;眼大如箕,又何知夫钱虏。"这里"钱虏"与"缙绅"相对,指"富人"。

3. 财奴

清张春帆《九尾龟》卷七:"你想那姓焦的,要果然是个肯花钱的客人,少年清秀,气概豪华,既不是那邋遢戚施的丑鬼,又不是个一钱不舍的财奴。"这例"财奴",可以理解为"守财奴",但前文既有

"一钱不舍",理解为"低俗之富人"也未尝不可。

清蒲松龄《为人要则·轻利》:"古人云:用当其可之,谓俭;不当用而用,固为荡子;当用而不用,亦是财奴。"此处"财奴",乃讽刺甚至舍不得为自己花钱、过分节俭之人。

清王有光《吴下谚联》卷三《一身财主》:"有财而为财所用者,谓之财奴;有财而财为所用者,谓之财主。"此处"财奴",乃讽刺行为已被财产异化之人。

明葛麟《幽愤诗》:"任伴妖狐不接伪儒,任见凶豺不见诌夫,任丛粪蛆不侣俗徒,任狎秽豕不见财奴。四者之恶,恶若剥肤;四者之秽,秽于坐涂。"(《葛中翰遗集》卷八,《四库未收书辑刊》柒辑拾陆册242页上栏)这例"财奴",乃指低俗之富人。

4. 财房

确指"富而吝啬,不肯施舍钱财之人"者,仅1例:明梅之焕《黄檗山护藏经文》:"富家守财名曰守财房,谓其能聚不能用也。每怪秀才家,本经四书未了了,辄浮慕淹博之名,收集图史,充栋汗牛,下笔曾不得只字之用。此与财房何异?"此处只云"财房",应该是跟前文已有"守财房"有关。

多指"富有之人",如:明沈长卿《沈氏日旦》卷二:"凡物取其给用而止。黄帝所尝药,不知其数,然医生所用宁几何哉?苍颉所制字,不知其数,然文人所用宁几何哉?财房家积百万,而自身所实受用,外皆药与字之类也。"

又指"财富",如:明张萱《西园闻见录》卷九《寡欲》:"陆公平泉曰:财房不足言矣!多蓄玩珍,未免落富贵相。一种嗜好,法书名画,至竭资力,以事收蓄,亦是通人一癖,是着清净中贪痴。"

总之,从意义上看,在交际过程中,与意义单一明确的"守财奴"系列词语相比,具有多个义项的"财奴"系列词语往往会引起歧义,进而导致信息交流不畅;从形式上看,"财奴"系列词语没有明确标识对待财富的态度,而"守财奴"系列词语,由于添加了"守""看"等词,非常明晰地传达了"守财不施"的意义。这两方面的因素保证了"守财奴"系列词语在表达"讥讽富而吝啬之人"这个意义时比"钱奴"系列有更强的优势。

三 "守财奴"释义辨正

结合其语源与流变,可见,"守财奴"是讥讽有钱而吝啬之人,对钱财的欲望永不满足,为其所累,自己的行为都被财欲所支配,就如同奴仆被主人驱使一样。

我们认为,目前一些权威辞书对"守财奴",尤其是"奴"的解释应该修正。

如《汉语大词典》,只解释"守财奴"的含义,而对其构词理据未做任何说明,释义虽然无误,却不完整。

又如:《现代汉语词典》(第6版)出版座谈会谈及新增词语时,对"奴"字做了说明:"一些词语的新义新用法体现了词义的发展变化,从而反映了社会的变迁和人们对事物认识的变化。例如……'奴'的新义'称失去某种自由的人,特指为了偿还贷款而不得不辛苦劳作的人(含贬义或戏谑意)',体现了当下不少年轻人的生活状态。"[⑦]词典把该义作为"奴"第二个义项,列举了"洋奴、守财奴、车奴、房奴"。同时,词典也收录了"守财奴",解释为"指有钱而非常吝啬的人(含讥讽意)。也说看财奴。"不难看出,以"称失去某种自由的人,特指为了偿还贷款而不得不辛苦劳作的人(含贬义或戏谑意)"解释"守财奴"的"奴",殊为不辞。

《现代汉语词典》解释的失误在于：把古已有之的"守财奴"的"奴"归为新义，不符合语言事实；用"称失去某种自由的人"解释"守财奴"之"奴"，虽与"奴隶"义有关联，但失于宽泛。

再如刘洁修《汉语成语源流大辞典》解释为："原作'守钱奴'，讥讽有钱而吝啬的人，好像是看守钱财的奴隶一样。《东观汉记·一二·马援》(《北堂书钞·一二九·袴褐·身衣皮袴》)：马援叹曰：'凡殖产，贵其能施民也，否则守钱奴耳。'"刘红妮也认为"守财奴"的"奴""表示实在的'奴隶'义"。

虽然"有钱而吝啬"与"奴隶看守钱财"的结果都是钱财没有流失，但"有钱而吝啬的人"是指对钱财有支配权力而不愿施舍之人，"看守钱财的奴隶"是无权支配钱财也不能施舍之人，二者没有完全匹配的类同关系，何以用后者指称前者，确实令人费解。

但从其来源看，"守财/钱奴"是讥讽富而吝啬之人，难以割弃对财产的贪欲，不肯布施，为财富所累，如同财富的奴隶一样，"奴"之"奴隶"义还是非常明确的。"守财奴"乃（因为）守财，（所以如）奴"，《汉语成语源流大辞典》分析将"守财奴"理解为定中结构"看守钱财的奴隶"，与本义不符。

还有《汉语大字典》"奴"下："❺贱称。如：守财奴；田舍奴。《集韵·莫韵》：'奴，贱称。'""守财"之人为何要被"贱称"？辞典并未说明。

上文列举佛教文献用例，不仅有"守财奴"，还有"守财鬼"，另外，前文所引旧题东汉安世高译《佛说分别善恶所起经》中强调，"悭贪不肯布施"之人，"从是得五恶。……二者人皆呼守钱奴"。可见，"守钱奴"确实是蔑称。在尊卑分明的阶级社会，"奴"身份低贱，以"奴"称呼一个人，自然含有轻视鄙夷的意味。在"守钱奴"这个词中,"奴"没有必要解释为意义虚化的"贱称"。《汉语大字典》将"守财奴"置放于"蔑称"这个义项之下,值得商榷。

四　结语

我们对"守财奴"的考察说明,追溯词语的本源,了解构词理据,是准确解释词语的必要前提。词语的流变受多个因素共同制约,尤其是佛源词语的流变,文化因素是不能忽略的。

附注:

① 《汉语大词典》题作"三国吴唐湾"。唐湾,当为唐滂。唐滂,字惠润,三国吴人。所著《唐子》一书,唐犹存,后佚。《隋书》卷三十四《经籍三》:"《唐子》十卷,吴唐滂撰。"

② 吕澂《新编汉文大藏经目录》:"0641 分别善恶所起经,1 卷。失译【祐】。后误安世高译【开】。""祐",乃南朝梁僧祐《出三藏记集》之略称。据此,《分别善恶所起经》的时代不晚于梁。但【日】牧田谛亮《疑经研究》认为:"安世高译的《分别善恶所起经》也许原本就不是后汉代的翻译经典而是六朝时中国人撰述经典的一种。而《提谓经》不用说就是昙靖的著作。……可以推断《提谓经》更古老。"此处所言《提谓经》乃敦煌文献。昙静,北魏沙门。如果牧田先生的观点成立,则《分别善恶所起经》的时代不会早于北魏。

③ 佛教文献例证以日本《大正新修大藏经》为底本,不取其标点。

④ 吕澂《新编汉文大藏经目录》:"－0343 罗摩伽经,3 卷。乞伏秦圣坚译【经】。先失译【祐】。勘同华严入法界品【经】。"

⑤ 《后汉纪》编撰时间约在 351－354 年间,《后汉书》成书于 445 年。

⑥ "守房"一词,所举例证为清和邦额《夜谭随录·一·崔秀才》:"堪叹近富者,唯利之是趋。满盈神鬼恶,往往寄祸沽。用是常自伤,羞为守房徒。"从上下文看,"守房"乃为了适应诗歌韵律临时由"守财房"缩略而成。

⑦ 人民网"第六版《现代汉语词典》出版 摇号等热词进词典"2012,07,16,08:33,链接地址:http://media.people.com.cn/n/2012/0716/c40606－18522266.html.

参考文献:

[1] 陈开勇,龙延.汉晋佛教译经与晋宋民歌的语言[J].敦煌学辑刊,2002（1）.

[2] [汉]许慎撰,[宋]徐铉校定.《说文解字》[K].北京:中华书局,1963.

[3] 汉语大字典编辑委员会.汉语大字典(第2版,九卷本)[K].武汉:崇文书局;成都:四川辞书出版社,2010.

[4] 刘红妮."X"奴族新词及其社会文化心理[J].汉字文化,2008（4）.

[5] 刘洁修.汉语成语源流大辞典[K].北京:开明出版社,2009.

[6] 罗竹风主编.汉语大词典[K].上海:汉语大词典出版社,1993.

[7] 吕澂.新编汉文大藏经目录[M].济南:齐鲁书社,1980.

[8] 王青.魏晋至隋唐时期几个佛教故事的历史化[J].南京师范大学文学院学报,2006（2）.

[9] 曾腊梅.称谓词"奴"的变迁[J].河南理工大学学报,2009（2）.

[10] 中国社会科学院语言研究所词典编辑室.现代汉语词典(第6版)[K].北京:商务印书馆,2012.

[11] [日]牧田谛亮.疑经研究[M].日本:京都大学人文科学研究所,1976.

[12] [日]中村元广.说佛教语大辞典[K].林光明编译.台北:嘉丰出版社.

(作者单位:浙江外国语学院中文学院　杭州　310012)

第三届全国汉语语汇学学术研讨会纪要

2011年10月22日至23日,由山西省社会科学院、商务印书馆、上海辞书出版社和浙江外国语学院共同主办的第三届全国汉语语汇学学术研讨会在浙江外国语学院召开。来自北京、上海、浙江、山东、山西、河南等省市的高校、科研单位和出版社的70余名代表出席了会议,共收到论文57篇。

22日上午,浙江外国语学院党委副书记徐颂列主持了开幕式。山西省社会科学院语言研究所所长吴建生宣读了山西省社会科学院院长李中元的开幕词,商务印书馆副总编辑周洪波、浙江外国语学院副院长洪岗分别致辞。

在23日下午的闭幕式上,四个小组的发言人分别汇报了各组讨论的具体情况。最后由山西省社会科学院副院长孙丽萍致闭幕词。

研讨会期间,温端政、晁继周、李行杰等16名专家在大会上做了报告,36名代表在小组讨论会上发言。会议对以下几个方面进行了深入探讨。

一 语汇学理论

温端政认为,语汇学作为语言学的分支学科,并不是孤立的,它与许多学科都有密切的联系。他重点阐述了语汇学与词汇学、方言学、民俗学、历史学、文学的关系。韩爽针对"俗语"概念理解的现状、相关概念的内涵以及俗语与相关概念的联系进行了研究。史秀菊从三个方面概括了惯用语的特点：多用比喻修辞手段，字数并非主要为三字组，结构并非主要为动宾关系。延俊荣运用认知语言学的典型认知模型ICM理论探讨言语活动的构成、本质特征、建构机制，以此来探究言说类谚语的内在连贯性。白云认为2+2的韵律模式使得四位一体的成语具有非常强烈的节奏感，韵律与成语的句法和语义方面存在不对称关系，成语为了追求复合韵律词的最佳选择，牺牲了自身的句法关系和语义理解。马启红从比喻构成的角度分析了体词性俗语比喻的构成特点及语义生成方式。陈长书阐述了歇后语的分离性与同一性，认为前者解决在语流中分离歇后语的问题，即将歇后语和相邻的语言单位区分开来的问题；后者解决对于一些结构相似的歇后语，是看成一个歇后语的不同变体形式还是看成不同的歇后语的问题。

二　语典编纂

《语海》是上海辞书出版社准备重点打造的一部大型语类辞书，就如何编纂的问题，有几位代表进行了探讨。李行杰认为《语海》编纂时应尽可能地多收语条，以义类排列，释义要准确、精当。杨蓉蓉介绍了《语海》编纂的准备工作，并就立目、编排、释义、索引等提出了详细的构想。孙毕全面介绍了《语海》的立项、编纂的准备工作及编纂方案等。黄传亮论述了对《语海》义类编排方法的初步构想。

还有一些学者探讨了其他语类辞书的编纂及相关问题。其中成语类语典为许多代表所关注。陈霞村、郭振红对《现代汉语词典》(第5版)中成语释义存在的问题进行了研究。刘中富通过分析语言中实际存在的问题指出,应区分同义成语和异形成语,普通语文词典和成语词典在收释这两类成语时应采取不同的方式。辛菊介绍了《学生成语辨析词典》的编纂过程。李淑珍采用调查和统计的方法对当前成语辞书收条情况进行了考察。马志伟介绍了语典例句编写的经验与体会。温朔彬阐释了《新华语典》在立目和释义等方面的原创性。陈玉庆介绍了《商务馆小学生谚语歇后语惯用语词典》的特色。黄丽群就学生语典的编纂提出了几点建议。汪惠民引进意象概念,对鉴赏类歇后语语典的编纂提出了设想。

三 方言语汇

吴建生介绍了2010年国家社科基金语言学重点项目"汉语方言俗语语料库建设研究"的进展情况,着重阐述了方言俗语语料库建设的理论基础和基本框架。张光明总结了多年来编纂"忻州方言语汇系列辞书"的经验。张宝玉对《忻州惯用语词典》的编纂工作做了介绍。史素芬探讨了长治方言谚语的修辞美学价值。李金梅、王利、刘艳平和裴瑞玲分别对山西高平、壶关、定襄等地的方言谚语和灵丘方言歇后语进行了研究。

四 文献语汇

晁继周认为《红楼梦》中俗语的贴切运用,对于描写人物、表现主题、推进情节发展起到了很好的作用。李倩以敦煌变文中的俗谚为材料,探讨了敦煌变文的民间文学特色和口语化特征。张文霞统计得出源于《战国策》的成语共160条,认为研究这些成语对探讨先秦汉语及成语的形成和历史演变都有重要意义。高列过对"守财奴"等词语进行了考释。武玉芳利用山西方言和其他语言材料解释了《金瓶梅词话》中"狢剌儿"的意思,并提出了利用方言材料解释近代汉语词语的几个原则。范晓林利用山西方言的材料解释了元曲词语"行行至"的意思。

五 语汇的具体研究

安志伟对改革开放以来的新语汇进行了界定,并讨论了新语汇的产生及与相关范畴的联系。谢仁友对成语新义的类型、产生原因及规范原则进行了探讨。赵志峰对成语误用的复杂性及原因进行了归纳总结。申慧对新成语进行了专题论述。孙文娟对与女性行为、品德、外表等相关的成语进行了研究。梁永红认为大量的惯用语源于行业用语,并对这些用语的意义变化进行了阐述。王世利分析了惯用语的特点,并对惯用语在《汉语水平词汇与汉字等级大纲》中的分布和教学策略进行了研究。刘钦通过实验的方法对惯用语在对外汉语教学中的语义理解和偏误进行了分析,并提出了针对性的教学策略。

除以上内容,有的代表还研究了与语汇相关的其他问题。孟祥英研究了规范型词典收释待嵌格式的情况和原则,孟德腾论述了嵌入式四字格的语义透明度与嵌入项的语义变化,刘红梅从聚合的角度引入了聚合词的概念并论述了其修辞效果。

会议期间适逢山西省社会科学院资深研究员、汉语语汇学创建者温端政先生八十寿辰,闭幕式后举办了温端政先生汉语语汇学学术思想座谈会。

这次会议是继前两届会议后的又一次盛会,会议研讨的内容展示了语汇学研究的最新进展,也表明语汇学研究的深度和广度都达到了一个新的阶段。许多年轻学者加入到了语汇学研究队伍中,表明语汇学受到越来越多的学者和专家的关注。语汇学虽然是一个年轻的学科,但正在快速发展,已呈现出一派生机勃勃的景象。这次研讨会的成功举办,昭示了语汇学的前途无限宽广,语汇学的明天会更加美好!

(李东宾　安志伟)

附:第三届全国汉语语汇学学术研讨会论文目录

(前加 * 的作者因故未到会)

安志伟　高　艳　汉语新语汇的确认
白　云　试谈韵律与成语结构、意义的关系
　　　　——兼谈成语的"词化"问题
晁继周　《红楼梦》语言宝库中的璀璨明珠
　　　　——谈《红楼梦》中的俗语
陈长书　试论现代汉语歇后语的分离性和同一性问题
陈霞村　郭振红　《现代汉语词典》成语释义的若干问题
陈玉庆　《商务馆小学生谚语歇后语惯用语词典》的学生特色
陈玉庆　马志伟　谈语类辞书的例句编写问题
范晓林　释"行行至"
*方一新　从部分佛教惯用语看《分别功德论》的翻译年代
高列过　"守财奴"源流考
韩　爽　"俗语"界说
　　　　——兼及与相近范畴的关系
黄传亮　语典义类编排探析
*黄冬丽　《中国俗语大辞典》(新一版)在释义上的改进
黄丽群　学生语典编纂问题刍议

蒋文华	郭　帅	大同方言特色词调查
李金梅		高平谚语的语义特征
李　倩		从俗谚看敦煌变文的民间文学特色及其口语化特征
李淑珍		关于成语辞书收条情况的考察
李　伟		关于成语词典编纂与释义的一些思考
李行杰		对于《语海》编纂的几点建议
梁永红		源于行业用语的惯用语量化分析
刘红梅		论汉语聚合词的修辞效果
刘　钦		基于对外汉语教学实验的汉语惯用语语义结构分析
刘艳平		定襄方言谚语与当地精神文化
刘中富		汉语同义成语和异形成语的区别与释义问题
马启红		从比喻构成看体词性俗语
马一方	马贝加	温州话谚语中补语"着"的分化
孟德腾		嵌入式四字格的语义透明度与嵌入项的语义变化
孟祥英		规范型词典收释待嵌格式的情况和原则
裴瑞玲		灵丘方言歇后语
申　慧		新成语的特点和来源探析
史素芬		山西长治方言谚语的修辞美学价值
史秀菊		浅议惯用语的特点
孙　毕		关于《语海》编纂的几点思考
孙文娟		女性成语与中国传统文化心理探析
*汪化云		年轻人难以猜透的谜语
汪惠民		歇后语的意象分析与语类鉴赏词典的编纂设想
*王海静		从语的英译看洪堡特的辩证翻译观
*王吉辉		固定程度的量化分析与固定语

王　利		山西壶关方言谚语的类型及其审美特征
王世利		惯用语及其在对外汉语教学中的应用
温端政		略论语汇学与相关学科的关系
温端政		成语的界定与成语语典的立目
温朔彬		论《新华语典》的原创性
吴建生		汉语方言俗语语料库的建设
*吴满蓉	朱俊玄	小学生成语词典编纂探析
武玉芳		《金瓶梅词话》中的"狢剌儿"义释
谢仁友		成语新义的类型、原因及规范原则
辛　菊		《学生成语辨析词典》编写中的几个问题
辛　菊		近年来媒体流行的"新"成语探析
*徐时仪		《朱子语类》习语俗谚考
延俊荣		言说类谚语的内在连贯性研究
杨蓉蓉		《语海》编纂管见
张宝玉		《忻州惯用语词典》编后
张光明		《忻州方言语汇系列辞书》若干问题的思考
张文霞		源自《战国策》的成语探析
赵志峰		成语误用复杂性分析